加快我国现代化建设，
实现第二个百年奋斗目标

陈昌兵 张 平 著

中国社会科学出版社

图书在版编目（CIP）数据

加快我国现代化建设，实现第二个百年奋斗目标/陈昌兵，张平著．—北京：中国社会科学出版社，2018.10
ISBN 978 – 7 – 5203 – 3343 – 6

Ⅰ.①加⋯　Ⅱ.①陈⋯②张⋯　Ⅲ.①现代化建设—研究—中国　Ⅳ.①D61

中国版本图书馆 CIP 数据核字（2018）第 243729 号

出 版 人	赵剑英	
责任编辑	卢小生	
责任校对	周晓东	
责任印制	王　超	
出　　版	中国社会科学出版社	
社　　址	北京鼓楼西大街甲 158 号	
邮　　编	100720	
网　　址	http://www.csspw.cn	
发 行 部	010 – 84083685	
门 市 部	010 – 84029450	
经　　销	新华书店及其他书店	
印　　刷	北京明恒达印务有限公司	
装　　订	廊坊市广阳区广增装订厂	
版　　次	2018 年 10 月第 1 版	
印　　次	2018 年 10 月第 1 次印刷	
开　　本	710×1000　1/16	
印　　张	9.75	
插　　页	2	
字　　数	98 千字	
定　　价	50.00 元	

凡购买中国社会科学出版社图书，如有质量问题请与本社营销中心联系调换
电话：010 – 84083683
版权所有　侵权必究

目 录

第一章 建设中国现代化，实现发展第二个百年奋斗目标 …… 1

一 中国增长的"S"形路径和拐点 …… 3
  （一）"赶超"增长模式与实现第一个百年目标 …… 5
  （二）创新增长模式与实现第二个百年目标 …… 7

二 增长阶段的跨越与经济结构现代化 …… 9
  （一）产业结构现代化 …… 12
  （二）需求结构现代化 …… 14

三 深度城市化与创新转型 …… 16
  （一）迈向高质量、高效率的发展，提高全要素生产率贡献 …… 18
  （二）消费与人力资本积累的良性互动是国家创新的核心 …… 21

四 国家治理现代化与改革方向 …… 27

  参考文献 …… 30

第二章 人均 GDP 的 "S" 形增长曲线 ………………… 33

  一 "S" 形增长曲线 ……………………………………… 33
    （一）人均 GDP 的 "S" 形增长曲线 ………… 33
    （二）人均 GDP 的 "S" 形增长曲线拐点 …… 38
  二 "S" 形增长曲线估计法 ……………………………… 39
    （一）线性化估计法 ………………………………… 39
    （二）非线性化估计法 ……………………………… 40
    （三）三和法估计法 ………………………………… 40
    （四）相邻数据组合估计法 ………………………… 41
  三 我国人均 GDP 的 "S" 形增长曲线估计 ………… 41
    （一）我国人均 GDP ………………………………… 41
    （二）极大似然估计法估计 ………………………… 49
    （三）贝叶斯法估计 ………………………………… 62
    （四）增长 Logisitic 增长模型三和法
         估计 …………………………………………… 74
    （五）估计的人均 GDP 的 "S" 形增长曲线
         比较 …………………………………………… 80
  四 发达国家人均 GDP 的 "S" 形增长曲线 ………… 81
    （一）英国人均 GDP 的 "S" 形增长曲线 …… 81
    （二）美国人均 GDP 的 "S" 形增长曲线 …… 83
    （三）法国人均 GDP 的 "S" 形增长曲线 …… 85
    （四）德国人均 GDP 的 "S" 形增长曲线 …… 86
    （五）日本人均 GDP 的 "S" 形增长曲线 …… 87

五　增长模式与人均 GDP 的"S"形增长曲线 …… 89
　　　　（一）原有增长模式与实现第一个百年目标 … 91
　　　　（二）技术创新增长模式与实现第二个
　　　　　　百年目标 …………………………………… 94
　　　　参考文献 ……………………………………………… 95

第三章　劳动力、人力资本与产业结构现代化 ………… 98
　　一　有关增长理论综述 ……………………………… 99
　　　　（一）劳动生产型生产 ……………………………… 99
　　　　（二）劳动力富裕型生产 …………………………… 100
　　　　（三）劳动力稀缺型生产 …………………………… 101
　　　　（四）劳动扩展型生产 ……………………………… 101
　　　　（五）劳动创新型生产 ……………………………… 103
　　二　人口及其结构演变 ……………………………… 107
　　　　（一）有关抚养比 …………………………………… 107
　　　　（二）我国人口及结构 ……………………………… 108
　　　　（三）未来我国人口总量及结构 …………………… 118
　　　　（四）人力资本积累 ………………………………… 125
　　三　人力资本与产业结构现代化 …………………… 131
　　　　（一）计量模型及估计方法 ………………………… 132
　　　　（二）变量选择 ……………………………………… 134
　　　　（三）模型估计 ……………………………………… 137
　　四　小结及建议 ……………………………………… 146
　　　　参考文献 ……………………………………………… 148

第一章　建设中国现代化，实现发展第二个百年奋斗目标

中共十九大报告提出了中国全面建成小康后两步走的战略目标、阶段性特征和发展的路径。中共十九大报告指出："第一个阶段，从二〇二〇年到二〇三五年，在全面建成小康社会的基础上，再奋斗十五年，基本实现社会主义现代化"；"第二个阶段，从二〇三五年到本世纪中叶，在基本实现现代化的基础上，再奋斗十五年，把我国建成富强民主文明和谐美丽的社会主义现代化强国。"中国1981年人均国内生产总值（GDP）286美元，2015年达到8157美元，预计2017年，中国人均GDP接近9000美元，2020年全面实现小康，2021年人均GDP突破1万美元，实现第一个百年目标。2035年初步实现现代化，人均GDP达到2万美元，迈入高收入国家行列。

按现在的高收入组计算，人均GDP超过13000美元，将突破中等收入上限，进入高收入国家行列。预计中国在2027年前后突破中等收入阶段，进入高收入国家行列，经过几年的发展，到2035年，人均GDP达到2万美元，基本

实现社会主义现代化；到 21 世纪中叶，实现现代化强国。①

我们对 2021—2035 年、2035—2049 年的发展蓝图做了一个更为具体化的路线图，明确我们到底要实现什么样的现代化，以及怎样实现那样的现代化。在这一背景下，如何把握我国发展第二个百年的两步走计划、路径和奋斗目标。

第一个百年目标实现的内在经济逻辑在于中国通过改革开放，实现了工业化、国际化和城市化的三重发展，经济增长的动力是中国工业化、城市化及国际化带来的"规模效率"，技术依赖于"干中学"、资本来自积累和吸引对外直接投资（FDI）、劳动力优势来自"人口红利"，但是，最根本的是改革开放。改革开放让我们走上中国特色的社会主义道路，推动了中国的高速增长。

在经济体制上，我国实行了改革开放，由计划经济向市场经济转轨、由封闭经济向开放经济转型，政府在经济增长中发挥动员资源型的作用，并且各级地方政府之间产生了竞争。这些有利于我国资源的调动和配置，使资源由农业转向工业部门、农村流向城市，这就产生了产业结构转型升级和城市化的聚集双重加速效应，使我国经济保持30 多年的高速稳定的增长。

第二个百年目标是在积极解决新时代主要矛盾过程中逐步实现现代化。新时代"我国社会主要矛盾已经转化为

---

① 这些价值均以当期价格计。

人民日益增长的美好生活需要和不平衡不充分的发展之间的矛盾",矛盾就是发展的动力,通过质量、效率和动力"三大变革",提高全要素生产率,依靠创新实现经济高质量的增长。在新发展理念"创新、协调、绿色、开放、共享"的统领下,积极发展"以人民为中心"的广义人力资本服务体系,提高知识密集度和创新强度,推动经济各部门现代化建设,从而实现我国现代化,这就是我国全面建成小康社会之后的发展目标和方向。

实现第二个百年目标,分为两步走:第一步重点要解决创新问题。创新不是仅指技术上的创新突破,而且是指整个国家的经济增长转向依靠创新发展,在这一发展层面上,需要经济体制、经济结构、企业制度和人等方面的转型,只有奠定了创新发展,才能完成中国经济初步实现现代化,实现跨越到高收入国家的行列,否则根基不稳就难以实现百年目标。第二步是在创新发展的基础上,突出以人民为中心的"共享",彰显社会主义现代化强国优势。无论第一步还是第二步,新发展理念中的协调、绿色、开放一个也不能少,缺一则社会主义现代化都难以实现。

一 中国增长的"S"形路径和拐点

1978—2016 年,我国人均 GDP 的"S"形增长曲线(见图 1-1)反映了 1978 年至今的我国增长方式,也就是原有的以要素投资为主的经济增长方式。新时代中国实现现代化有两个重要选择：一是按传统的不平衡、不协调、不可持续的要素累积方式发展。随着规模收益递减、要素供给下降和资源环境束缚，其必然陷入模式二的发展轨道，停滞和波动不可避免。二是以创新作为经济发展的推动力。突破要素累积的桎梏，平衡、协调、可持续的创新推动增长的内生增长模式，经济保持稳定增长，走向模式一。

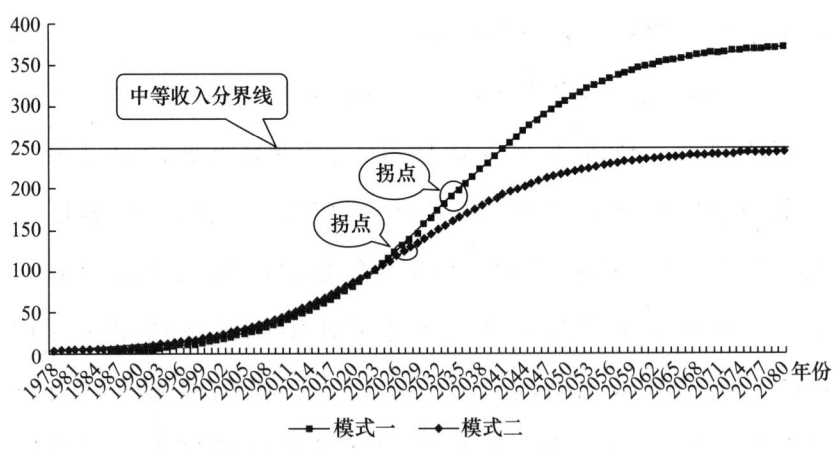

图1-1 我国增长方式与人均GDP"S"形增长曲线

注：模式二为如1978—2050年我国经济增长仍然以要素投资为主的经济增长方式；模式一为如1986—2050年我国经济增长以技术创新要素为主的经济增长方式（具体的估计模拟方法见后文）。纵坐标是以1952年为基期并赋值为1的相对值。

模式二的转折点在2026—2029年，此时，我国城市化率将达到70%，中国的建设周期即将结束，结构再配置效率下降，我们称为外生转折点。经济增长在外生转折点到来之前，必须转向创新驱动，新时代创新升级驱动的经济转型关键期就在这近十年间，否则容易陷入外生转折点中。

在创新推动经济转型成功后,中国经济增长沿着模式一的路径,跨越中等收入阶段,进入高收入阶段,经济增长到2034—2035年初步实现现代化;中国经济进入内生转折点后,经济实现均衡发展,完成经济从要素积累的赶超阶段,成功转型为创新驱动的均衡增长阶段。

(一)"赶超"增长模式与实现第一个百年目标

"赶超"增长模式是"要素—规模"推动下的凹形人均GDP"S"形增长曲线,也就是"S"形曲线的第一部分,以要素投入为主的增长方式。这个阶段主要是工业化和城市化的双重发展,这与以要素投入为主的增长方式相一致。第一个百年目标实现的内在经济逻辑在于工业化和城市化的双重发展,经济发展主要在于通用技术部门的发展。通用技术部门由于技术和市场较为成熟,差异性小,生产经营风险较小,且通用技术部门在国内外均处于卖方市场,加上生产具有规模报酬递增,技术进步主要通过引进和模拟。因此,我国发挥了政府生产要素动员配置能力,这就保持了我国经济30多年的高速增长(见图1-1)。

从我国人均GDP的"S"形增长曲线来看,我国人均GDP产出轨迹符合递增的赶超曲线,增长模式仍属传统工业化道路。林毅夫(2012)归纳为"赶超战略";张军(2007)的"过度工业化"命题以及"分权与增长"的中国故事;刘世锦(2005)的"低价竞争模式";袁志刚等(2006)对中国经济的制度、结构和福祉三个角度的考察;中国经济增长与稳定课题组(2003,2009)的"S"形增长曲线及低价工业化、高价城市化的结构转变；宋铮及其两位欧洲合作者（2011）概括的"中国式增长"从不同角度揭示了中国增长模式的特点和转变方向。

有关中国增长模式中的政府行为，一种观点认为，这是中国社会主义制度优越性的体现，集中力量，好办大事，将其归纳为体制优势，归纳为"中国模式"。另一种观点认为，政府"自由牟利"与民间的经济自由并不相容，不应是中国模式流行的原因。贺大兴、姚洋（2011）把"中性政府"作为"中国模式"主要特征之一，认为这是中国经济增长取得成功的重要因素。

我国赶超的经济增长模式及第一个百年目标实现的内在经济机制为：

一是非均衡经济增长战略。后发国家经济赶超的利器是通过政府动员资源并配置到高增长的现代化部门，实现经济增长的加速。典型的是运用政府动员体制有效地将农业资源转移到工业部门。目前，中国是典型的高资源投入驱动的工业化，大干快上成为常态，在成为"世界工厂"的同时，工业现代化水平则不高。

二是生产要素快速积累。这种以要素投入为主的增长方式具有低成本、高投入特征。在中国经济由计划体制向市场体制的转轨过程中，要素市场化滞后于商品市场化，因而在相当长的时间内，土地、水、电等资源和资本、劳动力要素的价格具有政府干预因素，政府为激励企业加速完成原始积累，控制生产要素投入价格，使土地、劳动力、投资品保持较低的投入成本，如能源、水等长期低于国际均衡价格，环境、自然资源和劳动力社会保障等成本约束低，或者根本就没有；国家垄断金融资源，尽力动员低价供给，优先提供融资等。

三是积极参与全球贸易分工体系，技术进步以"干中学"机制为主导。通过对外开放，积极参与到全球贸易分工体系中，鼓励国际生产性资本的进口和商品的出口，最大限度地把国内低价的"无限劳动供给"和国际资本、广阔的海外市场结合起来，解决经济发展中的资金、资源和市场三大问题。市场化改革和国际化推进同步进行，在开放条件下，由于"干中学"效应和竞争性创新机制的获得，诱导、激活国内实物资本和人力资本形成，保证了技术的引进吸收和自我创新。

（二）创新增长模式与实现第二个百年目标

第二个百年目标实现的经济内在逻辑在于：在全面建成小康社会的基础上，靠规模发展的通用技术生产的发展受到了限制，如技术引进和技术模仿型的技术进步边际收益递减，以及消费需求的变化等，这些都制约着通用技术的规模化发展。为了全面实行现代化，进入收入发达国家行列，我国必须大力发展知识技术部门，进行技术创新，提高制造业的竞争力，通过知识密集提高服务业的现代化发展水平，在技术创新和知识密集型产业的基础上，各部门全面实现现代化（中国经济增长前沿课题组，2015）。"以人为中心"的后小康目标，要积极发展"以人为中心"

的广义人力资本服务体系，满足人民对生活美好的不断追求，解决好新时代的社会基本矛盾。

吉尔和卡拉斯（Gill and Kharas，2007）认为，"中等收入陷阱"的产生，是由于中等收入国家未能完成一些重要转型，包括生产与就业多样化程度的先增后减、投资重要性的下降与创新重要性的提升等。对于发展中国家产业结构过度服务化及由此导致的低生产率和低增长陷阱问题，西莫利等（Cimoli et al.，2006）、拉达（Rada，2007）等文献进行了较为详细的阐释。对于20世纪70年代以后发达国家普遍发生经济减速的问题，一些研究如埃肯格林等（Eichengreen et al.，2011）通过统计分析对减速拐点进行了确认。

在实现第二个百年目标中，政府在经济增长中的角色需要重新定位。由于技术创新具有差异性和不确定性，政府进行大规模的资源动员不利于技术创新，以及可能带来更大的风险。同时，技术创新需要我国微观企业的行为方式也将做出调整，由经营型企业转向技术创新型企业。政府在市场的技术创新中将会发挥更大的作用，同时对政府经济管理提出了更高的要求。中国经济增长前沿课题组（2015）认为，构建新的创新机制需要重新定位政府角色，弱化干预，强化协调。为了突破"中等收入陷阱"，给知识过程和知识部门成长创造环境，就需要弱化政府干预，强化政府在知识网络建设、疏通和新要素培育方面的功能。

二 增长阶段的跨越与经济结构现代化

1978年,中国人均收入①仅为200美元,依据世界银行2015年给出的增长阶段划分标准②,1978年中国属于低收入阶段国家(人均收入<1045美元),而到2016年中国人均收入已达到8260美元,达到了中等偏高收入阶段(4125美元<人均收入<12735美元),以现在经济增长推算,预计2025—2027年我国就能成功地突破人均GDP 13000美元,进入高收入国家行列,中国将会成功地实现阶段性跨越。按现有人民币与美元的兑换水平预计,2035年中国人均GDP将达到2万美元,年均增长率在4%—6%,我国经济结构将实现现代化,但经济增长须依赖于创新。

从国际对比来看,中国经济增长的阶段跨越是非常迅速的(见表1-1)。作为大国跨越中等收入的中等偏低收入阶段,中国只用了8年,与东亚的日本、新加坡、韩国相仿。中国未来跨越仍然势头强劲,按一般趋势计算,2026年,中国跨越中等收入阶段达到高收入阶段,预计需要17年,与美国、韩国、智利等相当,但也有很多国家没

---

① 此处的人均国民收入为依据图表集法测算的不变价美元衡量的人均GNI水平,主要是为了与世界银行给出的增长阶段划分标准的衡量指标一致,保持口径一致。
② 按世界银行公布的数据,2015年的最新收入分组(GNI Per Capita, Atlas Method,现价美元)标准为:人均国民收入低于1045美元为低收入阶段国家;人均国民收入在1045—4125美元为中等偏下收入国家;人均国民收入在4126—12735美元为中等偏上收入国家;人均国民收入高于12736美元为高收入国家。

有跨越,而且跨越后并不稳定。总的来说,跨越中等收入阶段本质上不是一个名义上的跨越,如巴西、阿根廷、墨西哥都跨越过去,但经济停顿和币值大幅度贬值,马上又会回到中等收入阶段。

表1-1　中国与世界各个国家中等收入阶段增长情况

国家	1045美元<人均国民收入<4125美元	处于中等偏低收入阶段的年数	4125美元<人均国民收入<12735美元	处于中等偏高收入阶段的年数
中国	2002—2009年	8年	2010—2026年	17年(预计)
美国	—	—	1966—1980年	15年
德国	—	—	1973—1980年	8年
法国	1962—1972年	11年	1973—1980年	8年
日本	1967—1973年	7年	1974—1986年	13年
新加坡	1971—1979年	9年	1980—1991年	12年
韩国	1978—1987年	10年	1988—2003年	16年
巴西	1975—1995年	20年	1996—2013年	大于18年①
阿根廷	1964—1991年	28年	1992—2013年	大于22年
智利	1971—1994年	24年	1995—2012年	18年
乌拉圭	1973—1992年	20年	1993—2012年	20年
马来西亚	1978—1995年	18年	1996—	大于22年②
泰国	1988—2008年	21年	2009—	—

真正的中等收入阶段跨越需要完成三个飞跃:(1)经济结构的现代化:具有很强的自我调整能力和韧性;(2)创

---

① 2013年巴西和阿根廷人均国民收入分别为12730美元和12770美元,跨过高收入门槛,但在2013年之后经济出现下滑,人均国民收入连续下降,2016年分别为8840美元和11960美元。因此,此处巴西和阿根廷停留在中等偏高收入阶段的时间分别应为大于17年和大于21年。

② 2016年马来西亚人均国民收入为9850美元。

新对经济贡献明显提高：经济增长依靠内生创新力，这样才能有效地抵抗国际经济波动的影响；（3）国家治理现代化：具有激励的微观创新机制、有效平滑经济增长的波动、保持币值稳定、自我修复和宏观稳定能力等。

新时代经济转型的核心在于经济结构现代化、增长平稳、市场配置的创新驱动的内生增长模式。中国经济在赶超阶段取得了巨大成功，政府积极参与发展，要素投入积累、比较优势带来开放红利，形成了特定发展阶段的"规模—赶超"效应，经济高速增长。在高速增长的背后，也导致了区域发展的不协调、经济结构不平衡、资源环境不可持续的问题。经济增长模式效率重塑是重大战略问题，一方面需要延长赶超期，另一方面需要按照新发展观理念进行平稳转型，推进经济增长进入到创新、协调和可持续发展的轨道中，实现经济结构和国家治理的现代化。

经济结构现代化的标准很多，但是，有三个不变的基准：（1）从供给结构看，中国要"着力加快建设实体经济、科技创新、现代金融、人力资源协同发展的产业体系"；（2）从需求结构看，消费成为经济增长的基础性带动力量，通过不断提高广义人力资本的消费比重，即科教文卫体的消费比重，提升人力资本，促进创新能力提高，满足人民日益增长的对美好生活的向往；（3）经济结构中的可持续、包容性的特征凸显，主要是指各类跨期活动中，人们追求长期繁荣、协调、平衡的活动行为，不断替代短期利益冲动，如人的素质全面提高、绿色、共享等。

改革开放 40 年,中国成功地跨越了两个阶段:一是从农业主导到工业化主导;二是从工业化主导再到城市经济主导。其产业结构特征是制造业的高技术与服务业的现代化共同托起中国的现代经济体系。

(一) 产业结构现代化

我国产业结构呈现如下趋势(见表 1-2):

表 1-2 中国主要经济部门占比情况 单位:%

行业	1978 年	1988 年	1998 年	2008 年	2016 年
农林牧渔业	27.9	25.5	17.4	10.5	8.9
工业	44.1	38.3	40.1	41.2	33.3
建筑业	3.8	5.3	5.9	5.9	6.7
批发和零售业	6.6	9.8	8.1	8.2	9.6
交通运输、仓储和邮政业	4.9	4.5	5.5	5.1	4.5
住宿和餐饮业	1.2	1.6	2.1	2.1	1.8
金融业	2.1	4.3	5.1	5.7	8.3
房地产业	2.2	3.1	4.0	4.6	6.5
其他	7.2	7.5	11.9	16.6	20.5

资料来源:表中数据来自麦迪森(Maddison,2007)和《中国统计年鉴(2017)》。

(1) 保持工业比重,逐步提高高新技术企业占工业的比重。中国工业比重从 2006 年的 42% 峰值一直往下滑,2016 年工业比重只有 33.3%。一国的工业比重与其国际竞争优势高度相关,国际竞争力来源于高新技术制造业。按经济合作与发展组织的发达国家计算,在人均 GDP 2 万美元期间,制造业可以保持 30% 的比重,而高新技术企业增加值只占制造业增加值的比重为 25%,中国现在高新技术企业增加值只占工业增加值的15%，预计2035年将提高到25%，制造业将继续保持在30%份额（刘世锦，2017），完成产业结构现代化。

（2）中国服务业中知识密集型的金融和其他服务业增长迅速，其他服务中的科教文卫体等是中国现在需求最旺的部门，占比已经达到GDP的20.5%，成为仅次于制造业的第二大产业，但仍然分类不清，归为其他服务业。其他服务业包含科教文卫体等有关人力资源协调发展的主要行业，但这些行业多为事业单位供给，看病难、上学难等表明，这类供给明显不充分。中国服务业结构自我调整的空间余地大。当前，金融业占GDP比重达到8.3%，已经是全球第一，提高余地很小，主要是提高金融的配置资源的服务效率，从传统金融转变为现代金融。未来服务业上升的空间集中在其他服务业中的科教文卫体等提高广义人力资本的生活服务领域，发展空间很大。

（3）绿色发展。低碳排放等绿色循环经济成为经济的另一大动力来源，特别是2016年实行环保督察以来，迅速推动了绿色发展，更好地推动了产业组织的集中化。

中国供给结构现代化进展迅速，但逆现代化结构中的低劳动生产率的建筑业和房地产业在"政策激励"下快速上升，建筑业比重2008—2016年上升了0.8个百分点。与此同时，房地产比重上升了1.9个百分点，其上升有反周期性的特征，对缓冲就业有意义，但不利于人力资本的积累和产业效率提高。

经济结构现代化的最主要特征是不再追求结构比例，而是追求效率最高，最适合一国竞争力优势的发挥和长期发展。从国际经验看，随着国民收入的增加，服务业占比逐步提高，当然，并不是所有的国家都是一致的。偏于制造业的德国、日本，它们的服务业稳定在70%，而韩国则一直稳定在60%。制造业对一国提高生产率是重要的。中国在2035年以前，制造业发展的关键是升级，要持续提高高新技术制造的份额。我国去工业化速度过快，保持制造业30%的份额是中国进一步发展的根本性物质保障，但靠原有低成本维持竞争优势已经不可能，必须转型升级，靠技术和质量优势保持份额。中国经济服务化趋势在继续加强，但服务业的根本是现代服务业，特别是与人有关的知识密集型服务业。现在，这些服务部门保持较高的行政垄断性，劳动生产率难以提高，还会因管制而不断提高服务价格，导致"鲍莫尔成本病"，拖累经济的增长。中国服务业的体制改革和结构优化是未来发展的重要方面，核心是加快人力资本等科教文卫体产业的发展，并积极推动金融现代化转型，提高全社会要素配置效率。

（二）需求结构现代化

中国经济40年发展，需求结构发生了如下变化：（1）出口贡献在中国快速发展的1995—2008年起到了决定性的作用。利用比较优势，中国经济增长高速发展。2009年以后，中国经济逐步转向内需，净出口对经济增长贡献基本上是负的，中国带动了全球经济的复苏，当然，全球经济对中国经济的带动意义仍然很大。(2) 中国需求结构逐步均衡。2016年消费贡献达到64.6%（见表1-3），也校正了改革开放之初的投资贡献高达67.8%畸形投资，经济逐步平稳均衡。

表1-3　中国需求端各部分对增长的拉动

	1978年	2008年	2016年	1978年	2008年	2016年
	增长拉动			贡献率（%）		
消费	4.5	4.3	4.3	38.3	44.2	64.6
投资	7.8	5.1	2.8	67.0	53.2	42.2
净出口	-0.6	0.3	-0.4	-5.3	2.6	-6.8

资料来源：表中数据来自历年《中国统计年鉴》。

当前，城市消费实际增长偏慢。2017年1—9月，城市消费实际增长率只有4.5%，城市居民消费和投资主要被住房占用了大量资源，居民住房消费支出占消费的22%，与之相配的是交通通信占13%，而在居民收入中还息占收入的9%，因此，住房消费整体偏高，不利于消费作为城市经济的基础动力。中国需求结构逐步均衡，但其内在动力和结构都有不少挑战和调整的空间。

工业化带动了城市化，具体体现在大量农村剩余劳动力进入现代化部门，工业在城市及城市周围的全面发展推动了城市开发区、工业园区迅速建立，城市化速度大幅提高，农民身份不断地转换为城市居民。随着工业化增长稳定或下降，城市化率的提高完全是由经济服务化推动的非农就业比重上升所带动的。工业化带动了城市化发展，而城市化的发展决定了一个国家经济结构的现代化，其经济结构均衡，本质上表现为人口资源配置和城市创新功能的塑造。

三 深度城市化与创新转型

一国现代化基本构建是城市经济，新时代发展阶段更为显著地表现为城市经济的成长和发展，它决定了中国中长期的经济增长潜力。城市化发展阶段和城市经济创新转型是基本实现现代化的关键。2016年，中国城市化率达到57.35%。根据笔者按城市化规律曲线计算，2019年，中国城市化率将突破60%（见图1-2），进入深度城市化阶段。城市化不是仅靠农村向城市进行人口转移，而是取向于城市人口自然增长率快于农村人口自然增长率获得的城市化率提高，因此，城市化过程逐步从数量扩展转向深度城市化。2023年中国城市化率将突破65%，进入亚洲国家城市化放缓阶段；2028年中国城市率将会突破70%，按国际城市化规律进入缓慢增长阶段，城市化带动的大"建设周期"将在2023—2028年间逐步结束，城市化带动经济增长告一段落，城市化转变为深度城市化。经济增长模式必须完成从要素驱动向创新驱动转型，中国经济要靠城市经济带动创新发展。到2035年，城市化率将超过75%，2050

年城市化率将达到85%,中国将"建成富强、民主、文明、和谐的社会主义现代化国家"。

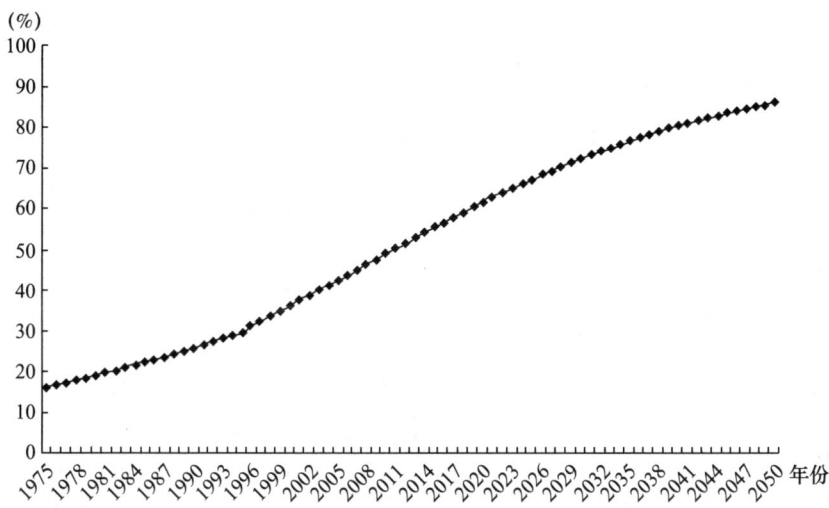

图1-2 未来2050我国城市化率模拟预测

资料来源:图中的城市化率的预测来自《我国可持续经济增长的城市化研究》(陈昌兵,2016)中的"城市化率'S'形增长曲线及估计",并根据最新数据进行了修正。

城市化推动创新转型不同于工业化创新转型,它创新的特征是从单一物化类发展,转向创新、要素配置和人力资本发展与实体经济并重的新产业体系,即"着力加快建设实体经济、科技创新、现代金融、人力资源协同发展的产业体系"。新时代的转型发展从传统工业化时期偏向于产业结构政策目标,转向"质量、效益、动力和提高全要素生产率"的新现代化政策目标体系。深度城市化更加强调城市的社会转型等多方面探索。从现实发展的趋势看,中国经济转型的根本在于三个方面:(1)提高全要素生产率是中国创新转型的重中之重,创新转型的核心是看全要素生产率贡献能否持续提升；（2）深度城市化创新转型就是要提升人的"广义人力资本"消费的比重，提高教育与健康水平，形成消费提升人力资本，再提升创新效率；（3）建立新时代配置要素效率和激励动能的社会主义市场经济体制，优化资源配置和激励创新。

（一）迈向高质量、高效率的发展，提高全要素生产率贡献

中国经济迈入中高端发展阶段，必须重视两个效率的同步提升。只有劳动生产率不断提高，人民的收入水平才能稳步提升，劳动生产率的增长速度直接决定了工资水平的提升速度；同时，劳动生产率增长反映了人力资本深化程度并决定了一国的福利水平。在工业化过程中，依靠的是"资本密集"来提升劳动生产率，而经济结构服务化后，依靠的是"人力资本密集"来实现劳动生产率提升。全要素生产率对经济的贡献不断提高，是企业技术进步和资源配置效率提升的综合反映。只有全要素增长率增长超过要素投入带来的增长时，才能提高全要素生产率的贡献率，而且全要素生产率的贡献率被视为内生增长贡献水平的测量。放大到一国来看，全要素生产率的贡献提高意味着一个国家经济增长逐步摆脱了要素投入带来的增长，进入到内生增长的道路，而全要素生产率增长本身就是克服人力、资本深化带来的规模报酬递减等问题。

改革开放40年的经济增长中，中国资本投入对GDP增长的贡献，一直维持在70%—80%的水平，综合考虑资本、

劳动力对增长的贡献之后，效率改进对 GDP 增长的贡献维持在 20%—30% 的水平。显然，这种较低的全要素生产率的贡献，是中国资本驱动的增长模式的特定现象：（1）资本存量的增长持续加速。由表 1-4 可知，在经济持续超高速增长的 1978—2007 年，资本存量的平均增长率为 11% 左右，无论与哪个发展阶段相似的国家相比，这个资本积累速度都绝对是高的。预计在 2008—2018 年这个时期，虽然中国的潜在增长率下降，但是，资本存量的增长率仍然维持在 11%—12% 的高水平。（2）资本边际收益持续递减。长期的投资依赖导致资本边际收益递减，而且收益递减和低增长的不良循环以及中国资本驱动模式路径依赖的低效率问题越来越明显。由表 1-4 可知，1978—2007 年，中国的资本效率（Y/K，即 GDP 与当年投资之比）为 0.302；到 2008—2015 年，中国的资本效率仅为 0.079。

表 1-4　　　　　我国经济增长的生产函数分解

	1978—2018 年	1978—2007 年	2008—2018 年
[1][潜在增长(生产函数拟合)三因素]	9.50	10.03	8.08
[2]资本投入(K)：弹性	0.635	0.636	0.631
[3]资本贡献份额 =([2]×[8])/[1](%)	71.69	64.83	87.05
[4]劳动投入(L)：弹性	0.365	0.364	0.369
[5]劳动贡献份额 =([4]×[11])/[1](%)	8.73	11.84	2.23
[6]全要素生产率增长率	1.86	2.34	0.866
[7]全要素生产率贡献份额 =100-[3]-[5](%)	19.58	23.33	10.72
[8]资本投入增长率(k=dK/K)=[9]×[10]	10.99	10.96	11.04

续表

	1978—2018 年	1978—2007 年	2008—2018 年
[9]（净）投资率(I/Y)	45.44	39.31	130.76
[10]资本效率(Y/K)	0.242	0.302	0.079
[11]劳动投入增长率(l = dL/L) = [12] + [13]	2.272	3.263	0.504
[12]劳动年龄人口增长率(pop_l)	2.603	3.709	0.657
[13]劳动参与率变化率(θ_L)	−0.331	−0.446	−0.153
[14]劳动生产率增长率(y = Y/L) = [15] + [16]	3.741	3.88	3.433
[15]资本效率(Y/K)增长率	−5.429	−4.765	−7.12
[16]人均资本(K/L)增长率	9.17	8.645	10.553

资料来源：表中数据来自《迈向中高端与供给侧结构性改革》，载《经济增长蓝皮书（2017—2018）》，社会科学文献出版社 2017 年版。

由简单的柯布—道格拉斯生产函数计算得出中国全要素生产率：（1）1978—2007 年中国经济高峰增长期间，全要素生产率对经济增长的贡献为 23.33%，细算 1993—2007 年中国全要素生产率对经济增长的贡献超过了 35%（陆明涛等，2016）；（2）2008—2018 年经济增长速度下滑期间，计算得到中国全要素生产率对经济增长的贡献降低至 20% 以下，这是因为，经济增长主要是靠大规模刺激资本积累的方式来进行的。展望未来增长，资本规模递减特征将会越来越严重，如不改变全要素生产率对经济增长的低贡献现状，潜在经济增长率将会持续下降。

一般而言，内生增长的测算有两个重要维度：（1）全要素生产率对经济增长的贡献保持在 30%—40% 的水平时，经济进入较为稳定的发展阶段；（2）劳动产出弹性提升到

0.60左右，这表明该国是消费主导，人力资本主导。中国资本投入弹性依然高达0.60左右，而全要素生产率的贡献下降到10%左右，这些说明中国经济增长仍然处于资本要素驱动的状态。中国经济转型任重道远，这里包括如何提升劳动者的收入水平，让消费真正成为推动经济的基础性力量；注重人力资本对创新和要素优化配置对全要素生产率的贡献，从而提高全要素生产率对经济增长的贡献。

（二）消费与人力资本积累的良性互动是国家创新的核心

从城市化率与消费率之间关系的国际经验来看，消费率与城市化率呈现倒"U"形曲线（见图1-3），即城市化率超过56.19%，消费率不断提高，中国2015年城市化率超过56%后，消费率持续上升，"消费对经济发展的基础性作用"不断加强。城市化推动消费率提高是经济发展的趋势，消费提升的本质上是"对美好生活的向往"，包括的不仅仅是一般物质需求的满足，而是高品质的生活品和现代服务的需求，特别是能提升"广义人力资本"的消费，即科教文卫体。从我国城市居民的消费结构看，当前消费主要集中在吃、穿、住、行、用上，2017年1—9月，其消费占80.5%，而教育文化娱乐和医疗健康占19.5%。从国际比较来看，中国教育文化娱乐和医疗健康占比与发达国家占40%以上相比是偏低的，这是因为，一方面是与我国所处的经济发展阶段有关；另一方面是与住房加上交通支出占35%有关，挤占了"广义人力资本"的消费。

人力资本积累是我国实现经济发展第二个百年奋斗目

标的关键,城市化在人力资本积累上具有集聚效应,我们应发挥城市化在人力资本积累上的集聚效应。与此同时,人力资本的积累过程,也是我国消费结构升级的过程,需要形成人力资本积累和消费结构升级的良性互动。

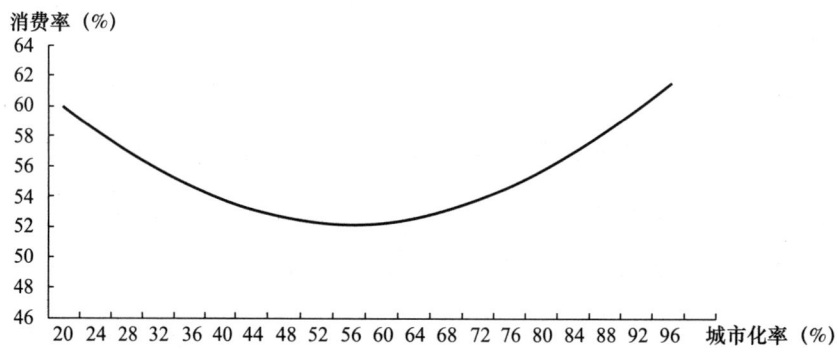

图1-3 中国消费率与城市化率之间的关系

注:图中中国消费率与城市化率之间的关系基于中国各省(市)1994—2015年数据计算的城市化率与消费率的曲线,城市化率的转折点为56.19%,参见《我国可持续经济增长的城市化研究》(陈昌兵,2016)。

未来10—20年是我国突破原有经济增长模式锁定困境、向提高效率和技术创新转型的关键时期。在这样的背景下,人力资本积累引领经济向技术创新转型,实现人力资本提升的消费和知识外溢能力的城市化。其根本在于分析新要素的出现,如教育、信息、创意、法律制度、企业家精神等对城市化发展的影响;消费端则是通过大量知识产品的消费来提升人力资本。这些新要素才能使我国技术创新转型。

过去 40 年，我国突破了"贫困化陷阱"，实现了工业化和城市化的快速扩张。但是，在经济快速发展的同时，也存在供给效率低下等现实问题。与以往依靠物质资本积累和廉价劳动力的工业化模式不同，现阶段城市化可持续增长，不仅需要考虑生产供给面的效率，而且需要考虑消费模式的升级及其与生活模式的协同，广义人力资本和知识部门的发展应成为城市化可持续增长的新动力。知识技术部门自身不仅具有内生性，而且以其外溢性促进传统产业部门的发展，以此来促进消费和生产一体化，以利于结构转型和经济升级。知识部门的生产与消费过程，也是人力资本提升和创新内生化的过程。在当前物质资本的增长驱动力减弱，同时城市居民收入提高及需求升级的条件下，加快政府、科教文卫体等公共部门和事业单位改革，大力释放知识技术部门的产出能力与消费潜力，转向"广义人力资本"积累和知识消费主导的创新增长，是实现我国城市化可持续增长的关键。

目前，我国正处于亟须提高创新能力、转变增长方式、促进城市化可持续增长的关键时期，人力资本将发挥越来越重要的作用。城市化的集聚对人力资本积累、保持我国城市化可持续增长有着显著意义。

正如 Duranton 和 Puga（2004）分析城市化的集聚微观基础时提出的：城市化的分享、匹配和学习等机制能提高集聚效应，这些机制尤其适合城市化的人力资本集聚效应。城市居民较为容易共享公共教育资源，但农村居民进入城市后却很难平等地享受城市的公共教育；我国城市化过程中存在公共卫生保健等方面的不平等；我国人力资本存在严重的市场分割、劳动力之间缺少交流等因素，将影响我国人力资本积累的城市化集聚效应机制。

城市化有利于人力资本积累的集聚效应主要体现在以下三个层次：一是公共教育、培训等方面的社会服务；二是医疗卫生保健提高生活质量等方面的公共福利；三是由于城市居民具有的接近优势有利于人际交流，从而有利于提高技能性的人力资本。因此，在城市化发展过程中，我们应发挥城市化这三个层次的人力资本积累集聚效应。

由世界上追赶经济成功的经验来看，增长阶段呈现出两个并行的路径，即生产模式的两步跨越和消费模式的两步跨越为：每一步跨越都是模式特征的重新塑造和效率增进方式的再调整。消费模式的两步跨越为：第一步跨越是在消费从属于通用技术生产模式的情况下，通过生产扩张来满足人们的基本物质产品和服务产品的需求；第二步跨越是通过广义人力资本积累，带动消费主导增长路径的生成，满足人们的高质量物质产品和高层次服务产品的需求。第二步跨越实质上就是人力资本积累与消费结构升级的良性互动过程。

新时代中国创新发展在生产方式与消费模式方面因为都强调知识过程的重要性，所以，两者一体化趋势日渐明朗。新部门的产生直接来自消费结构中高端项目活力的激发，反映在广义人力资本中的消费项目，对价值创造直接发生作用并促进独立的知识技术部门的形成。独立的知识技术部门以其外溢性，提升通用技术水平，过滤掉低层次产业结构，促进整体经济结构的优化升级，内生过程由此建立。这种知识技术过程，直接与新卡尔多事实相对应，新要素包括知识、教育、信息、创意、制度、范围等，成为报酬递增的有力支撑。

新的消费需求满足，就是知识生产与知识消费一体化的过程，消费中的广义人力资本是破除消费投资障碍的核心，消费结构升级与人力资本积累之间是一致的。首先，与高级化的消费结构相匹配的知识部门的存在，其自身人力资本创新创造具有高价值的生产特征，因此，它的出现是打破传统资本驱动的生产方式的重要表征，这是人力资本积累的结果。其次，消费结构升级对物质产品质量的升级也提出了要求，要求生产模式升级，从而推动了人力资本的积累。直观来看，在理想的演替条件下，消费模式存在"劳动密集产品消费—耐用消费品消费—知识技术产品消费"的消费升级需求，生产模式应当与这种要求相一致，这就包含了人力资本积累与消费结构升级的良性互动。

消费和服务业增长的关键不在于规模、比重，而在于经济结构升级，尤其是知识过程作用的发挥，也就是人力资本积累和在生产中的运用及创新价值的实现。向发达城市化的增长转换时期，可能有两条导向性路径：一是由于工业化规模扩张的惯性，服务业的发展以低技能的劳动力再生产为主；二是以知识过程为支撑的服务业的增长。在经济结构服务化过程中，服务业规模扩张和比重增加是不可避免的趋势，但推动这种状况的动力应该是服务业的结构升级，以及消费结构升级与服务业增长的联动。基本品需求满足后，尤其是理论和现实中的丰裕社会到来时，消费者选择日益与多样性、新奇性的心理需求联系起来，特别是服务业——当代知识信息的迅速发展，促进了消费时尚的易变性和快速传播，消费者对新奇的主动的、内在的追求，推动消费结构升级和服务业结构升级。知识过程在时间和空间上赋予消费效率含义，并体现在知识密集型服务业的要素化趋势中。

随着知识流的动态增长累积以及知识存量的更新，跨期的人力资本要素的培育，需要消费结构升级来支撑，消费结构中科教文卫部门的增长，从知识流的动态增长角度，突破了传统静态成本的范畴而具有动态效率。消费结构升级、人力资本升级、服务业结构升级，在促进知识生产配置的同时，不断推动知识链条的延伸，并以此为纽带连接起国民经济的各个部门，在这个过程中，资本深化能力也得到提升。

知识过程的发生、循环和扩展，本质上是物质生产循环向以人为载体的知识循环体系的转换。因此，循环的起点逐步从生产转向消费，通过知识消费、知识网络的互动产生高质量的知识消费服务和创新溢价。知识过程如果不能有效地融入传统的物质生产循环之中，那么，服务业升级转型和以人为主体的知识服务循环体系也将会失去作用。因此，为了实现第二个百年目标，消费结构升级、服务业结构升级转型及以人为主体的知识服务循环体系中的人力资本积累应形成一个良性的互动机制：以人力资本积累需要的消费结构升级，消费结构升级推动了以人力资本为基础的创新性产业升级，而创新性产业升级为人力资本积累给予报酬。

以人民为中心，化中国新时代社会主要矛盾为发展的动力，探索中国城市经济转型，经济增长模式升级，明确"短板"，改革不适应未来发展的体制，积极进取，推进全民经济共享发展，实现中国现代化强国是确定的。

四 国家治理现代化与改革方向

中国经济现代化体系建设不仅表现在结构、效益方面，更表现在市场配置、动力机制等国家治理体系和治理能力的现代化过程。完善和发展中国特色社会主义制度，推进国家治理体系和治理能力现代化，是党的十八届三中全会提出的全面深化改革总目标。"国家治理体系是在党领导下管理国家的制度体系，包括经济、政治、文化、社会、生态文明和党的建设等各领域体制机制、法律法规安排，也就是一整套紧密相连、相互协调的国家制度；国家治理能力则是运用国家制度管理社会各方面事务的能力，包括改革发展稳定、内政外交国防、治党治国治军等各个方面"。国家治理体系和治理能力是一个国家制度与制度执行能力的集中体现。国家治理体系的完善程度及治理能力的强弱，是一个国家综合国力和竞争力的重要标志。

市场治理、政府治理和社会治理，是国家治理体系中三个核心要素。中国改革开放40年的一个基本经验是：坚持市场化改革和积极对外开放，才能优化资源配置，激励创新发展。中共十九大报告指出："经济体制改革必须以完善产权制度和要素市场化配置为重点，实现产权有效激励、要素自由流动、价格反应灵活、竞争公平有序、企业优胜劣汰。"从微观治理角度看，当前改革突破的重点就是深化国有企业改革，按照做大做强做优国有资本的思路，突破国有资产这一固定性概念，从国有资本预算入手，进行国有企业改革，将极大地推动国有效率的提升和混合所有制经济的发展。在市场经济治理方面，强调了全面实施市场准入负面清单制度，打破行政性垄断防止市场垄断，加快要素价格市场化改革，放宽服务业准入限制，完善市场监管体制。

政府治理和社会治理都与财政体系改革密不可分。中国经济已经迈入新发展阶段，宏观调控和政府治理的经济基础发生了根本性变化，基于工业化的宏观调控和政府治理体系经过了近25年的实践，需要基于城市化和创新转型的思路进行重新设定和积极调整。城市化的公共服务需求日益增加，而公共服务又具有属地性质，建立地方税种已经时不我待，需要建立新的财税体制，以适应深度城市化发展的需求。在财税体制方面，需要对税收、支出、征收等各个环节进行综合改革：一是基于增值税的间接税收体制要积极向直接税转型;二是税收体制要符合现代治理体系建立的要求,特别是在以城市经济为主体的体系下,强调税收与支出的匹配性,征税主体要从单一法人征收向法人与自然人征收体制转型,征管环节从单一生产环节向生产环节和消费环节转变,纳税与享受公共服务逐步链接起来;三是重新厘定中央与地方的事权,提升统筹等级,保障人这一活跃的创新要素自由流动;四是政府从干预经济转向公共服务体系;五是政府行为逐步纳入法制框架中,特别是税费、举债、支出等方面需要立法管理。国家治理的现代化和宏观调控的稳定化需要财政体制的改革,同时需要金融体制的转型,让金融更好地服务实体经济,在财政和金融双支柱建立的宏观调控机制上,构建法制健全的多层次资本市场,激励技术进步和资本要素配置优化。

中国的市场化改革中,财政、金融等宏观治理体系改革的当务之急就是要提高国家防范系统性风险的能力,激励经济转型新宏观治理体系,保障中国经济跨入高收入和高质量的发展阶段。从全球增长的一般规律看,只要中国经济增长保持高于发达国家的均值(低于4%)增长,保持汇率的稳定,中国与发达国家人均GDP就会不断收敛,成功地实现跨越,进入高收入国家的行列。宏观稳定不是消极的,而是要"稳中求进",在宏观稳定的同时,要激励国家向高质量、创新型转型。

中国宏观政策体系在不同的发展阶段具有不同的稳定作用和激励性特征。在传统的计划经济中,国民经济计划替代了市场和企业行为，综合平衡，稳定经济，优先发展重工业成为经济发展的统领，政府直接干预经济，形成了大起大落的格局，政府干预是经济不稳定的来源。改革开放后，特别是1994—1995年的工业化发展阶段，我们建立了财政、货币的宏观调控体系，稳定了经济，历经1997年亚洲金融危机和2008年国际金融危机的冲击，都起到了稳定经济的积极作用。中国宏观政策目标设定也随着经济增长阶段的变化而变化，经济增长从"又快又好"，而后转为"又好又快"，现阶段是从"高速度转向高质量"，宏观政策目标是"稳中求进"，宏观激励体系发生了根本性的变化。

市场化改革、微观国有企业和政府主体改革及宏观调控都是国家治理体系建立和治理能力现代化提升的根本，实现国家治理现代化，市场配置资源才能起到决定性作用，宏观稳定机制才能完善。只有国家治理能力不断提高，到2035年，中国才能从真正意义上实现现代化。

参考文献

1. 陈昌兵：《我国可持续经济增长的城市化研究》，中国经济出版社2016年版。
2. 贺大兴、姚洋：《社会平等、中性政府与中国经济增长》，《经济研究》2011年第1期。
3. 林毅夫：《解读中国经济》，北京大学出版社2012年版。
4. 刘世锦主编：《老经济与新动能》，中信出版社2017年版。

5. 刘世锦：《增长模式转型压力与战略选择》，《经济学动态》2015 年第 9 期。

6. 袁志刚主编：《中国经济增长：制度、结构、福祉》，复旦大学出版社 2006 年版。

7. 袁富华、张平、陈昌兵等执笔：《突破经济增长减速的新要素供给理论、体制与政策选择》，《经济研究》2015 年第 11 期。

8. 魏加宁：《如何实现国家治理现代化》，中国发展出版社 2017 年版。

9. 张平、陈昌兵、刘霞辉执笔：《中国可持续增长的机制：证据、理论和政策》，《经济研究》2008 年第 10 期。

10. 张平、郭冠清：《社会主义劳动力再生产、劳动价值创造与分享：理论、证据与政策》，《经济研究》2016 年第 8 期。

11. 张军：《分权与增长：中国的故事》，《经济学》（季刊）2007 年第 1 期。

12. 中国经济增长前沿课题组：《突破经济增长减速的新要素供给理论、体制与政策选择》，《经济研究》2015 年第 11 期。

13. 中国经济增长与宏观稳定课题组：《城市化、产业效率与经济增长》，《经济研究》2009 年第 10 期。

14. Cimoli, M., Primi, A. and Pugon, M., "A Low–Growth Model: Informality as a Structural Constraint", *CEPAL Review*, 2006, Vol. 88.

15. Duranton, G. and Puga, D., 2004, "Microfoundations of Urban Agglomeration Economies", in Vernon Henderson and Jacques François Thiss (eds.), *Handbook of Regional and Urban Economics*, Amsterdam: North Holland (4), pp. 2063 – 2117.

16. Grossman, G. M. and E. Helpman, 1991, "Quality Ladders and Product Cycles", *The Quarterly Journal of Economics*, 106 (2), 557 – 586.

17. Eichengreen, B., Park, D. and Shin, K., "When Fast Growing Economies Slow Down: International Evidence and Implications for China", *NBER Working Paper*, 2011.

18. Eichengreen, B., Park, D. and Shin, K., "When Fast Growing Economies Slow Down: International Evidence and Implications for China", *NBER Working Paper*, 2011.

19. Rada, C., "Stagnation or Transformation of a Dual Economy through Endogenous Productivity Growth", *Cambridge Journal of Economics*, 2007, Vol. 31, No. 5.

20. Romer, P. M., 1990, "Endogenous Technological Change", *Journal of Political Economy*, 98 (5), S71 – S102.

21. World Bank, 2012, "China: Structural Reforms for a Modern, Harmonious, and Creative High Income Society", Supporting Report 1 to China 2030.

22. Zheng Song, Kjetil Storesletten and Fabrizio Zilibotti, *The American Economic Review* Vol. 101, No. 1 (February 2011), pp. 196 – 233.

第二章 人均GDP的"S"形增长曲线

各国人均GDP的增长是否具有规律,由现有的增长理论可知,各国人均GDP增长具有规律——人均GDP增长服从"S"形增长曲线,如英国、美国、法国、德国和日本等。本章就"S"形增长曲线的估计方法进行归纳,利用贝叶斯法和极大似然估计法估计我国人均GDP的"S"形增长曲线。在此基础上,将人均GDP的"S"形增长曲线与我国新型增长方式相结合进行分析。

一 "S"形增长曲线

(一) 人均GDP的"S"形增长曲线

由国民经济核算恒等式可知,人均产量在短时间内的增加,刘霞辉(2003)将其表现为人均消费和投资量的增加,即:

$$y = f(k, t) = c_t + \Delta k_t \tag{2.1}$$

式中,c_t 为人均消费,在一个封闭经济体中,人均消费和投资变动与人均产量成正比，即：

$$c_t = \alpha f(k, t) \tag{2.2}$$

$$\Delta k_t = \beta f(k, t) = \beta y \tag{2.3}$$

式中，α、β 分别为消费系数和投资系数，且 $\alpha + \beta = 1$。

刘霞辉（2003）先考察一个特别简单的经济体。设该经济体在一个有限时段内并没有表现出明显的增长特征，即维持一个简单的再生产过程，这时，人均产量的增加通过消费和维持经济循环所需投资消耗掉了。用较精确的语言描述为，从某一个连续生产的经济体中随意抽出一小段生产过程，Δk 为资本存量的增加量，以 $\Delta f(k, t)_k$ 表示 t 时刻在人均资本存量为 k 时的人均瞬时产量，而 $\Delta f(k, t)_{k+\Delta k}$ 为 t 时刻在人均资本存量为 $k + \Delta k$ 时的人均瞬时产量。

如果取一段微小时间间隔 Δt，在这段时间内，人均产量的增长将表现为人均资本 $k + \Delta k$ 时的人均产量与人均资本 t 时的人均产量之差，即在一微小时间间隔内人均产量的增加等于一微小人均资本变化导致的产量变动。这一过程的数学表述为：

$$\Delta f(k, t)_{k+\Delta k} - \Delta f(k, t)_k = \Delta f(k, t)_{\Delta t} \tag{2.4}$$

将上式左边用泰勒公式展开并取一阶近似，将代入后取极限（令 $\Delta k \to 0$），得左边为：$\partial^2 f / \partial k^2$；右边取 $\Delta t \to 0$ 的极限后为 $\dfrac{\partial f}{\partial t}$，可得：

$$\partial^2 f / \partial k^2 = \frac{\partial f}{\partial t} \tag{2.5}$$

因为在该方程的推导过程中忽视了较多因素，从而导致经济体没有扩大再生产的机制，与现实经济不符，为此，要对该方程进行完善。考虑有冲击因素将在一个微小的时间内对人均产出形成影响，从而出现扩大再生产过程：

第一个因素是投资。虽然在推导时已顾及维持简单再生产的投资，但投资在一个增长经济体中是扩大再生产的重要因素，所以，投资因素还要进一步考虑。为简便计算，我们认为，扩大再生产的投资与人均产出成正比，表示为 af。

第二个因素是增长的阻力。模型中既没有考虑到折旧，也没有考虑增长中因环境、资源的变化和其他经济摩擦而给增长带来的反作用，这些因素与投资相比，自然直接作用要小，为此，我们认为，它与人均产出的二阶量成正比，表示为 ef^2，其中，e 为阻力系数且是一个小于 a 的常量。

第三个因素是模型中并完全没有考虑经济创新对增长的影响，创新并不会直接影响增长，而是通过引致投资的变动来产生作用，它在经济发展的不同阶段，对增长的作用力不同。在低水平的发展阶段，投资是影响增长的主导力量，创新的作用力很弱；而在发达经济体中一般投资会被各种阻力消耗，唯有创新，才能带动新的投资，所以，我们认为，创新是一个与人均产量关联的因素，可将其设定为与人均产量的三阶量成正比，表示为 gf^3。

将上述三个因素代入式（2.1），可得：

$$\frac{\partial f}{\partial t} - \frac{\partial^2 f}{\partial k^2} = af - ef^2 + gf^3 \qquad (2.6)$$

由式（2.6）可得：

$$\frac{\partial f}{\partial t} - \frac{\partial^2 f}{\partial k^2} - \alpha f(1-f)(f-\beta) = 0 \qquad (2.7)$$

式中，$a = \alpha\beta$，$e = \alpha(1+\beta)$，$g = \alpha$，且有 $0 \leq \beta \leq \frac{1}{2}$。

从数学角度看，这是一个反应—扩散型的非线性偏微分方程，这类方程存在行波解。行波解的形式可设定为：

$$f = f(\xi), \quad \xi = k - ct \qquad (2.8)$$

式中，c 为常数，相当于波的传播速度。将式（2.8）代入偏微分方程的一个二阶常系数常微分方程，可得到：

$$-c\frac{df}{d\xi} - \frac{d^2 f}{d\xi^2} - \alpha f(1-f)(f-\beta) = 0 \qquad (2.9)$$

为解此方程，设 $f = \dfrac{1}{1 + e^{\gamma(\xi - \xi_0)}}$，$\gamma$ 为积分常数，将其代入常微分方程（2.9）可得：

$$f = \frac{1}{1 + e^{\pm\sqrt{\alpha/2}(\xi - \xi_0)}} \qquad (2.10)$$

为简化对模型的分析，取 $\xi \geq 0$，这时，为了使解收敛，可得到：

$$f = \frac{1}{1 + e^{\sqrt{\alpha/2}(\xi - \xi_0)}} \qquad (2.11)$$

将 $\xi = k - ct$ 代入式（2.11）可得到：

$$f = \frac{1}{1 + Ae^{-Bt}} \qquad (2.12)$$

式中，A 和 B 为常数。

式（2.12）是一个随着时间 t 变化的模型（见图 2-1），这就是人们所熟知的逻辑函数的"S"形图形，也是人均 GDP 的"S"形增长曲线。

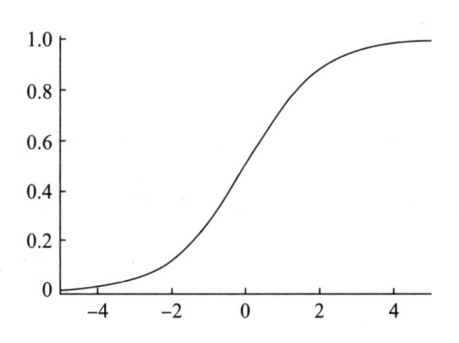

图 2-1 人均 GDP 的"S"形增长曲线

资料来源：图 2-1 是由式（2.12）模拟得到的。

人均 GDP 的"S"形增长曲线的经济学含义为：从一国经济成长的长期历史看，人均 GDP 增长分为两个阶段：在人均资本存量处于较低水平的增长阶段，随着人均资本的增加，人均 GDP 也呈现出加速增长之势，具有规模收益递增的特征，这就是所谓的经济增长起飞阶段。但加速经济增长并不可持续，当人均资本存量达到某一水平时，存在一个拐点，高速增长到达该点后，随着人均资本存量的进一步增加，人均 GDP 将在越过该拐点后呈递减的增长趋势，其后便遵循新古典增长的足迹，即规模收益递减。这一结论符合经济发展现实，特别是对发展中国家经济政策的制定具有现实指导意义，正是由于经济发展的起飞阶段存在规模递增，政府可能通过特定经济政策的刺激来尽可能地发挥规模收益递增的作用，实现经济赶超。

式（2.12）表示人均 GDP 最大值为 1，这不适合经济现实，因此，对式（2.12）拓展为：

$$y_t = \frac{K}{1 + ae^{-bt}} \quad (2.13)$$

式中，y_t 为 t 时人均 GDP；K 为经济体的人均 GDP 饱和值，a 为积分常数，其值大小表明经济发展起步早晚；b 为斜率，t 表示时间，b 值越大，经济发展就越快；K 为经济体的人均 GDP 饱和值。

（二）人均 GDP 的"S"形增长曲线拐点

由式（2.13）可知，y_t 为 t 时人均 GDP，当 $t \to +\infty$ 时，$y_t \to K$。对式（2.13）中的 t 进行一阶微分和二阶微分，可得：

$$\frac{dy_t}{dt} = \frac{baK}{[1 + a\exp(-bt)]^2 \exp(bt)} \quad (2.14)$$

$$\frac{d^2 y_t}{dt^2} = \left[\frac{2ba}{a + \exp(bt)} - b\right] \frac{baK}{[1 + a\exp(-bt)]^2 \exp(bt)} \quad (2.15)$$

当 $\frac{dy_t}{dt} > 0$ 时，表示经济不断增长；当 $\frac{dy_t}{dt} < 0$ 时，表示经济不断萎缩；当 $\frac{d^2 y_t}{dt^2} = 0$ 时，恰好是经济增长和萎缩的分界点。这样，由 $\frac{d^2 y_t}{dt^2} = 0$ 可得到：

$$t = \log(a)/b \quad (2.16)$$

由式（2.16）可得到人均 GDP 的"S"形增长曲线的拐点。由函数凸（凹）判断可知，当满足式（2.16）的数值时，为人均 GDP "S"形增长曲线的拐点，增长曲线在此指点前后表现为不同的增长性质：当 $t < \log(a)/b$ 时，增长曲

线是上凹（下凸）的，此时经济增长呈现加速状态，表现为经济增长加速逐渐增大；当 t > log(a)/b 时，S 形曲线是上凸（下凹）的，此时经济增长加速不断减小，表现为经济增长趋于平稳。

二 "S"形增长曲线估计法

目前，有多种估计"S"形增长曲线的方法，下面我们仅介绍线性化估计法、非线性化估计法、三和法估计法和相邻数据组合估计法。

（一）线性化估计法

由式（2.13）可得到：

$$\frac{1}{y_t} = \frac{1}{K} + \frac{a}{K}e^{-bt} \tag{2.17}$$

由式（2.17）可得到：

$$\frac{1}{y_t} - \frac{1}{K} = \frac{a}{K}e^{-bt} \tag{2.18}$$

由式（2.18）可得到：

$$\ln\left(\frac{1}{y_t} - \frac{1}{K}\right) = \ln\left(\frac{a}{K}\right) - bt \tag{2.19}$$

由式（2.19）可得到：

$$z_t = \alpha + \beta t \tag{2.20}$$

式中，$z_t = \ln\left(\frac{1}{y_t} - \frac{1}{K}\right)$，$\alpha = \ln\left(\frac{a}{K}\right)$，$\beta = -b$。

若 K 值为已知的，则可使用一般最小二乘法估计式

(2.20),从而估计得到参数 β 和 b 的估计值,由 β = ln $\left(\dfrac{a}{K}\right)$ 可得到 a 的估计值,从而可得到"S"形增长曲线式(2.13)。若 K 值为未知的,可采用如下非线性估计法。

(二) 非线性化估计法

式(2.13)人均 GDP 饱和值 K 为未知,则式(2.13)不可能化为时间 t 的线性式,这样,我们不能采用线性化估计法估计式(2.13)。此时,我们可利用贝叶斯估计法和极大似然估计法估计式(2.13),可得到参数 α、a 和 b 的估计值,但参数 α、a 和 b 须满足如下条件:α > 0,a > 0,b > 0。

(三) 三和法估计法

首先将样本分成三等分,分别为 t = 1, 2, …, r; t = r+1, 10, …, 2r; t = 2r+1, 18, …, 3r,然后分别计算[①]:

$$S_1 = \sum_{t=1}^{r} \frac{1}{y_t}, \quad S_2 = \sum_{t=r+1}^{2r} \frac{1}{y_t}, \quad S_3 = \sum_{t=2r+1}^{3r} \frac{1}{y_t} \tag{2.21}$$

$$D_1 = S_1 - S_2, \quad D_2 = S_2 - S_3 \tag{2.22}$$

$$b = (\ln D_1 - \ln D_2)/r \tag{2.23}$$

$$K = \frac{r}{S_1 - D_1^2/(D_1 - D_2)} \tag{2.24}$$

$$a = K \frac{D_1^2}{D_1 - D_2} \cdot \frac{e^b - 1}{1 - e^{-rb}} \tag{2.25}$$

由式(2.23)可得到参数 b 的估计值,从而可得到参数 b 和 K 的估计值。

---

① 该估计方法参见李子奈、叶阿忠《高等计量经济学》,清华大学出版社 2000 年版,第 40—42 页。

(四) 相邻数据组合估计法

在上述三种估计法估计"S"形增长曲线的基础上,苏宜(1997)采用如下相邻数据组合法估计"S"形增长曲线。相邻数据组合法需要先计算下列各式:

$$u_t = \frac{1}{y_i} - \frac{1}{y_{i-1}}, \quad v_t = \frac{1}{y_i} + \frac{1}{y_{i-1}}, \quad i = 2, \cdots, n \quad (2.26)$$

由式(2.13)和式(2.26)可得到:

$$u_t = -\frac{2l}{K} + lv_t \quad (2.27)$$

其中,l 满足:$e^b = \frac{1-l}{1+l}$。

对式(2.27)采用一般最小二乘法可估计出参数 $-\frac{2l}{K}$ 和 l,由这两个参数可计算得到 b 和 K。由下式可得到参数 a:

$$a = \frac{k - y_t}{y_t} e^{bt} \quad (2.28)$$

由以上估计可知,在采用该方法进行参数估计时应满足如下条件:

$$l < 0, \text{ 且参数 } -\frac{2l}{K} > 0 \quad (2.29)$$

三 我国人均 GDP 的"S"形增长曲线估计

(一) 我国人均 GDP

人均 GDP 和 GDP 之间存在如下关系:

$$y_t = Y_t/L_t \tag{2.30}$$

由式（2.30）可得到人均 GDP 和 GDP 增长率之间存在如下关系：

$$\dot{Y}_t/Y_t = \dot{y}_t/y_t + \dot{L}_t/L_t \tag{2.31}$$

由式（2.31）可知，GDP 增长率为人均 GDP 与人口增长率之和。GDP 增长可分解为人均 GDP 增长和人口增长，因此，对于未来我国 GDP 增长率，除人口增长以外，更应关注于人均 GDP 的变化。

由 CEIC 数据库得到可比价的人均 GDP 指数，在此基础上，我们计算得到以 1952 年为 1 的人 GDP（见表 2-1）。

表 2-1　　　　我国人均 GDP

年份	人均 GDP 指数（上年 = 100）	人均 GDP（现价）（CEIC）	人均 GDP（1952 年 = 1）
1952	—	119.000	1.0000
1953	113.100	142.000	1.1310
1954	101.800	144.000	1.1514
1955	104.600	150.000	1.2043
1956	112.700	166.000	1.3573
1957	102.400	168.000	1.3898
1958	118.400	201.000	1.6456
1959	106.900	217.000	1.7591
1960	99.800	220.000	1.7556
1961	73.500	187.000	1.2904
1962	93.700	175.000	1.2091
1963	107.600	183.000	1.3010
1964	115.500	210.000	1.5026
1965	114.200	242.000	1.7160

续表

年份	人均 GDP 指数 （上年 = 100）	人均 GDP（现价） （CEIC）	人均 GDP （1952 年 = 1）
1966	107.600	257.000	1.8464
1967	91.900	238.000	1.6968
1968	93.500	225.000	1.5865
1969	113.800	247.000	1.8055
1970	116.100	279.000	2.0962
1971	104.200	292.000	2.1842
1972	101.300	296.000	2.2126
1973	105.300	313.000	2.3299
1974	100.200	314.000	2.3345
1975	106.800	332.000	2.4933
1976	96.900	321.000	2.4160
1977	106.100	344.000	2.5634
1978	110.200	385.000	2.8248
1979	106.200	423.000	3.0000
1980	106.500	468.000	3.1950
1981	103.800	497.000	3.3164
1982	107.400	533.000	3.5618
1983	109.200	588.000	3.8895
1984	113.700	702.000	4.4223
1985	111.900	866.000	4.9486
1986	107.300	973.000	5.3098
1987	109.900	1123.000	5.8355
1988	109.400	1378.000	6.3840
1989	102.600	1536.000	6.5500
1990	102.400	1663.000	6.7072

续表

年份	人均 GDP 指数（上年＝100）	人均 GDP（现价）（CEIC）	人均 GDP（1952 年＝1）
1991	107.800	1912.000	7.2304
1992	112.800	2334.000	8.1559
1993	112.600	3027.000	9.1835
1994	111.800	4081.000	10.2672
1995	109.800	5091.000	11.2734
1996	108.800	5898.000	12.2654
1997	108.100	6481.000	13.2589
1998	106.800	6860.000	14.1605
1999	106.700	7229.000	15.1093
2000	107.600	7942.000	16.2576
2001	107.600	8717.000	17.4932
2002	108.400	9506.000	18.9626
2003	109.400	10666.000	20.7451
2004	109.500	12487.000	22.7159
2005	110.700	14368.000	25.1465
2006	112.100	16738.000	28.1892
2007	113.600	20505.000	32.0229
2008	109.100	24121.000	34.9370
2009	108.900	26222.000	38.0464
2010	110.100	30876.000	41.8891
2011	109.000	36403.000	45.6591
2012	107.300	40007.000	48.9922
2013	107.200	43852.000	52.5196
2014	106.800	47203.000	56.0910
2015	106.400	50251.000	59.6808
2016	106.100	53980.000	63.3213

资料来源：表中各数据来自 CEIC。

由图 2-2 可知，我国人均 GDP 在 1952—1977 年处于停滞状态，1978 年改革开放以来，我国人均 GDP 快速增长；1986—2016 年人均 GDP 增长趋势呈 "S" 形增长曲线变化。

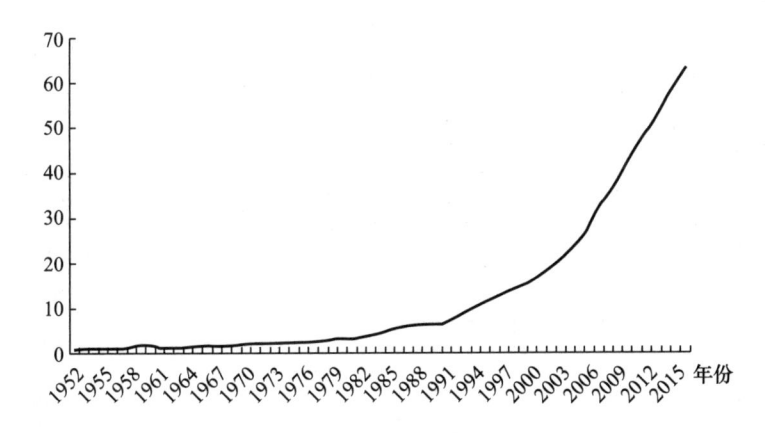

图 2-2 1952—2016 年我国人均 GDP 增长趋势

由式（2.25）可知，人均 GDP 增长率为 GDP 增长率与人口增长率之差。由表 2-2 可知，我国 GDP 增长率与我国的人均 GDP 增长率之差，有些年份它们之间的差距较大，但多数年份还是较小的。我国人口增长率由 1953—2016 年呈不断下降变化的趋势，这表明我国人均 GDP 增长率与 GDP 增长率差异正在逐渐缩小，这也表明了 GDP 增长率与我国人均 GDP 增长率较为接近。因此，我国 GDP 增长率变化的研究应以我国人均 GDP 增长率研究为突破口。

表2-2　我国GDP与人均GDP增长率之间的关系　　单位:%

年份	人均GDP增长率	GDP增长率	GDP增长率与人均GDP增长之差	人口增长率
1952	—	—	—	—
1953	13.1	15.62	2.52	2.2859
1954	1.8	4.21	2.41	2.5002
1955	4.6	6.85	2.25	1.9895
1956	12.7	15.02	2.32	2.2175
1957	2.4	5.06	2.66	2.9048
1958	18.4	21.25	2.85	2.0741
1959	6.9	8.82	1.92	1.8380
1960	-0.2	-0.32	-0.12	-1.4879
1961	-26.5	-27.32	-0.82	-0.5256
1962	-6.3	-5.61	0.69	2.1804
1963	7.6	10.21	2.61	2.7892
1964	15.5	18.26	2.76	1.9184
1965	14.2	17.03	2.83	2.8922
1966	7.6	10.73	3.13	2.7627
1967	-8.1	-5.7	2.4	2.4496
1968	-6.5	-4.09	2.41	2.8363
1969	13.8	16.89	3.09	2.7211
1970	16.1	19.4	3.3	2.8771
1971	4.2	7.05	2.85	2.6954
1972	1.3	3.77	2.47	2.2856
1973	5.3	7.86	2.56	2.3332
1974	0.2	2.31	2.11	1.8473
1975	6.8	8.69	1.89	1.7180
1976	-3.1	-1.62	1.48	1.4034

续表

年份	人均GDP增长率	GDP增长率	GDP增长率与人均GDP增长之差	人口增长率
1977	6.1	7.62	1.52	1.3413
1978	10.2	11.65	1.45	1.3530
1979	6.2	7.57	1.37	1.3329
1980	6.5	7.85	1.35	1.1923
1981	3.8	5.14	1.34	1.3849
1982	7.4	9.03	1.63	1.5809
1983	9.2	10.77	1.57	1.3320
1984	13.7	15.23	1.53	1.3096
1985	11.9	13.51	1.61	1.4316
1986	7.3	8.95	1.65	1.5645
1987	9.9	11.72	1.82	1.6678
1988	9.4	11.3	1.9	1.5791
1989	2.6	4.21	1.61	1.5114
1990	2.4	3.92	1.52	1.4454
1991	7.8	9.29	1.49	1.3032
1992	12.8	14.27	1.47	1.1638
1993	12.6	13.94	1.34	1.1487
1994	11.8	13.1	1.3	1.1247
1995	9.8	10.98	1.18	1.0605
1996	8.8	9.92	1.12	1.0469
1997	8.1	9.23	1.13	1.0107
1998	6.8	7.85	1.05	0.9181
1999	6.7	7.62	0.92	0.8216
2000	7.6	8.43	0.83	0.7608
2001	7.6	8.3	0.7	0.6975

续表

年份	人均GDP增长率	GDP增长率	GDP增长率与人均GDP增长之差	人口增长率
2002	8.4	9.08	0.68	0.6472
2003	9.4	10.02	0.62	0.6026
2004	9.5	10.08	0.58	0.5889
2005	10.7	11.35	0.65	0.5908
2006	12.1	12.69	0.59	0.5292
2007	13.6	14.2	0.6	0.5181
2008	9.1	9.62	0.52	0.5094
2009	8.9	9.24	0.34	0.4879
2010	10.1	10.63	0.53	0.4803
2011	9	9.49	0.49	0.4803
2012	7.3	7.75	0.45	0.4965
2013	7.2	7.69	0.49	0.4933
2014	6.8	7.27	0.47	0.5218
2015	6.4	6.9	0.5	0.4971
2016	6.1	6.7	0.6	0.5885

资料来源：表中各数据来自 Wind。

由图2-3可知，我国人均GDP增长率在1952—2016年并不平稳，主要在于1952—1977年我国人均GDP增长率变化较大，但1978—2016年人均GDP增长率较为平稳。由图2-3可知，1978—2016年我国人均GDP呈现出"S"形增长曲线。人均GDP增长率的平稳与人均GDP增长呈现"S"形增长曲线之间是一致的。

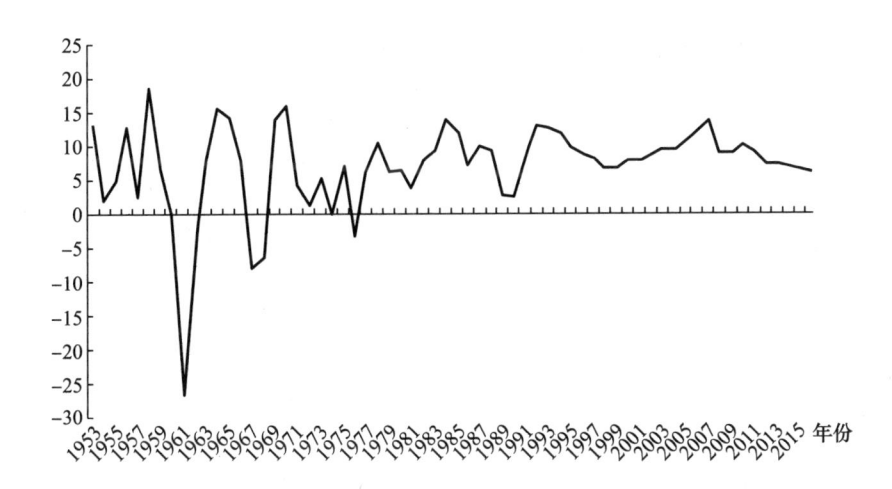

图 2-3　1953—2016 年我国人均 GDP 增长率

(二) 极大似然估计法估计

1. 样本区间为：1978—2016 年

由图 2-2 和图 2-3 可知，1978—2016 年，我国人均 GDP 呈现出"S"形增长曲线，因此，估计我国人均 GDP 的样本区间首先设定为：1978—2016 年。采用极大似然估计法估计式 (2.13)，我们可得到人均 GDP "S"形增长曲线的估计 (见表 2-3)。

由表 2-3 中我国人均 GDP 的"S"形增长曲线极大似然估计法估计值可得到：

$$K = 1/\alpha = 267.95 \tag{2.32}$$

曲线拐点为：$t = \log(a)/b = 55.06$，2032 年的 t 为 55，2033 年的 t 为 56，我们设定的 1978 年的 t 为 1。这样，可得到我国人均 GDP 将在 2033 年进入增长的平稳期。

表2-3 我国人均GDP的"S"形增长曲线极大似然估计法估计

估计参数	人均GDP增长曲线参数估计值
α	0.003732 (8.0855)
a	110.5417 (13.72)
b	0.085457 (67.03)
目标函数值	177.81

注：表中小括号内数值为各参数估计T统计值。

由表2-3的估计值，我们可得到如下我国人均GDP的"S"形增长曲线：

$$y_t = \frac{267.95}{1 + 110.5417 \cdot e^{-0.08546 \cdot t}} \quad (2.33)$$

由式（2.33）可得到1978—2080年人均GDP的模拟值（见表2-4）。1976—2016年，我国实际人均GDP与模拟人均GDP的差距随着时间的变化而不断增大，为了反映实际人均GDP与模拟人均GDP之间的差异，我们定义如下指标：

$$e^2 = \frac{1}{n} \sum_{i}^{n} (y_i - y_i^m)^2 \quad (2.34)$$

将表2-4中的数值代入式（2.34），可得到：$e^2 = 14.2925$。

表 2-4　　　　我国人均 GDP 实际值和模拟值

年份	实际人均 GDP	模拟人均 GDP	实际与模拟人均 GDP	实际人均 GDP 增长率（%）	模拟人均 GDP 增长率（%）
1978	**2.8248**	2.6145	0.2103	10.2	
1979	3	2.8453	0.1547	6.2	8.8271
1980	3.195	3.0962	0.0988	6.5	8.8187
1981	3.3164	3.3689	-0.0525	3.8	8.8096
1982	3.5618	3.6654	-0.1036	7.4	8.7998
1983	3.8895	3.9875	-0.0980	9.2	8.7890
1984	4.4223	4.3375	0.0848	13.7	8.7774
1985	4.9486	4.7177	0.2309	11.9	8.7647
1986	**5.3098**	5.1306	0.1792	7.3	8.7510
1987	5.8355	5.5788	0.2567	9.9	8.7360
1988	6.384	6.0652	0.3188	9.4	8.7198
1989	6.55	6.5930	-0.0430	2.6	8.7023
1990	6.7072	7.1655	-0.4583	2.4	8.6832
1991	7.2304	7.7862	-0.5558	7.8	8.6625
1992	8.1559	8.4590	-0.3031	12.8	8.6401
1993	9.1835	9.1878	-0.0043	12.6	8.6159
1994	10.2672	9.9770	0.2902	11.8	8.5896
1995	11.2734	10.8311	0.4423	9.8	8.5612
1996	12.2654	11.7551	0.5103	8.8	8.5304
1997	13.2589	12.7539	0.5050	8.1	8.4971
1998	14.1605	13.8331	0.3274	6.8	8.4612
1999	15.1093	14.9981	0.1112	6.7	8.4224
2000	16.2576	16.2551	0.0025	7.6	8.3806
2001	17.4932	17.6100	-0.1168	7.6	8.3354
2002	18.9626	19.0693	-0.1067	8.4	8.2869

续表

年份	实际人均GDP	模拟人均GDP	实际与模拟人均GDP	实际人均GDP增长率（%）	模拟人均GDP增长率（%）
2003	20.7451	20.6396	0.1055	9.4	8.2346
2004	22.7159	22.3276	0.3883	9.5	8.1784
2005	25.1465	24.1401	1.0064	10.7	8.1180
2006	28.1892	26.0842	2.1050	12.1	8.0533
2007	32.0229	28.1668	3.8561	13.6	7.9839
2008	34.937	30.3947	4.5423	9.1	7.9098
2009	38.0464	32.7747	5.2717	8.9	7.8305
2010	41.8891	35.3135	6.5756	10.1	7.7460
2011	45.6591	38.0171	7.6420	9	7.6560
2012	48.9922	40.8912	8.1010	7.3	7.5603
2013	52.5196	43.9412	8.5784	7.2	7.4587
2014	56.091	47.1714	8.9196	6.8	7.3512
2015	59.6808	50.5854	9.0954	6.4	7.2375
2016	63.3213	54.1859	9.1354	6.1	7.1176
2017	—	57.9743	—	—	6.9915
2018	—	61.9507	—	—	6.8591
2019	—	66.1141	—	—	6.7204
2020	—	70.4616	—	—	6.5757
2021	—	74.9887	—	—	6.4249
2022	—	79.6893	—	—	6.2684
2023	—	84.5554	—	—	6.1064
2024	—	89.5773	—	—	5.9392
2025	—	94.7434	—	—	5.7672
2026	—	100.0403	—	—	5.5908
2027	—	105.4531	—	—	5.4106

第二章 人均GDP的"S"形增长曲线 | 53

续表

年份	实际人均GDP	模拟人均GDP	实际与模拟人均GDP	实际人均GDP增长率（%）	模拟人均GDP增长率（%）
2028	—	110.9652	—	—	5.2270
2029	—	116.5587	—	—	5.0408
2030	—	122.2147	—	—	4.8525
2031	—	127.9132	—	—	4.6627
2032	—	133.6338	—	—	4.4723
2033	—	139.3557	—	—	4.2817
2034	—	145.0580	—	—	4.0919
2035	—	150.7201	—	—	3.9033
2036	—	156.3221	—	—	3.7168
2037	—	161.8448	—	—	3.5329
2038	—	167.2703	—	—	3.3523
2039	—	172.5819	—	—	3.1754
2040	—	177.7643	—	—	3.0029
2041	—	182.8040	—	—	2.8351
2042	—	187.6893	—	—	2.6724
2043	—	192.4101	—	—	2.5152
2044	—	196.9582	—	—	2.3638
2045	—	201.3273	—	—	2.2183
2046	—	205.5128	—	—	2.0789
2047	—	209.5117	—	—	1.9458
2048	—	213.3225	—	—	1.8189
2049	—	216.9453	—	—	1.6983
2050	—	220.3814	—	—	1.5839
2051	—	223.6333	—	—	1.4756
2052	—	226.7046	—	—	1.3733

续表

年份	实际人均 GDP	模拟人均 GDP	实际与模拟人均 GDP	实际人均 GDP 增长率（%）	模拟人均 GDP 增长率（%）
2053	—	229.5994	—	—	1.2769
2054	—	232.3231	—	—	1.1863
2055	—	234.8811	—	—	1.1011
2056	—	237.2798	—	—	1.0212
2057	—	239.5255	—	—	0.9464
2058	—	241.6250	—	—	0.8765
2059	—	243.5852	—	—	0.8113
2060	—	245.4131	—	—	0.7504
2061	—	247.1155	—	—	0.6937
2062	—	248.6995	—	—	0.6410
2063	—	250.1717	—	—	0.5920
2064	—	251.5387	—	—	0.5464
2065	—	252.8070	—	—	0.5042
2066	—	253.9827	—	—	0.4651
2067	—	255.0718	—	—	0.4288
2068	—	256.0799	—	—	0.3952
2069	—	257.0125	—	—	0.3642
2070	—	257.8747	—	—	0.3355
2071	—	258.6714	—	—	0.3089
2072	—	259.4072	—	—	0.2844
2073	—	260.0864	—	—	0.2618
2074	—	260.7131	—	—	0.2410
2075	—	261.2911	—	—	0.2217
2076	—	261.8241	—	—	0.2040
2077	—	262.3153	—	—	0.1876

续表

年份	实际人均 GDP	模拟人均 GDP	实际与模拟人均 GDP	实际人均 GDP 增长率（%）	模拟人均 GDP 增长率（%）
2078	—	262.7679	—	—	0.1725
2079	—	263.1848	—	—	0.1587
2080	—	263.5688	—	—	0.1459

注：人均 GDP 是以 1952 年价计的，也就是 1952 年 = 1。

由图 2-4 可知，模拟的我国人均 GDP 的"S"形增长曲线 t 在 49—50 期（在 2034—2035 年）出现拐点，即经济增长由快速增长过渡到平稳慢速增长。

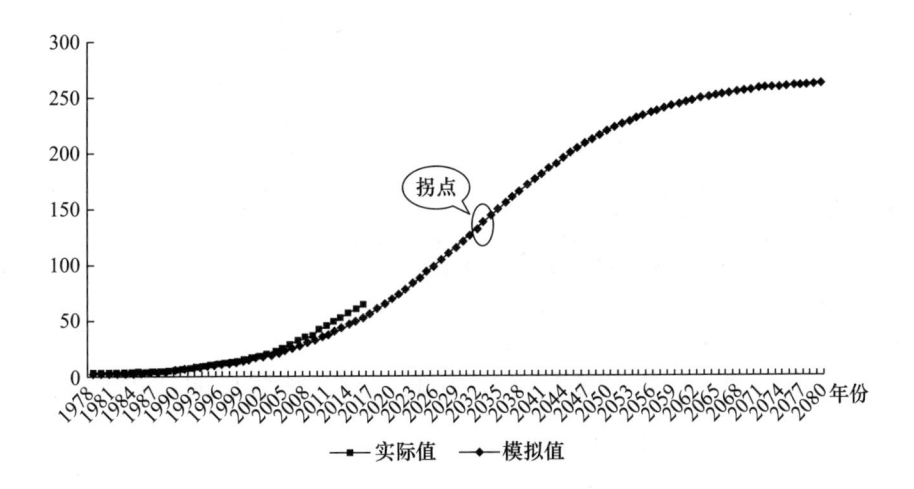

图 2-4 我国人均 GDP 实际值和模拟值

由表 2-2 和图 2-2 可知，1953—1978 年，我国人均 GDP 增长的波动较大，我国人均 GDP 在 1984—2016 年增长较快，在 2015—2034 年为高速增长期，2034 年以后，我国将进入平稳发展期。

2. 样本区间为：1986—2016 年

由图 2-1 和图 2-2 可知，我们将估计我国人均 GDP 的"S"形增长曲线样本区间设定为：1986—2016 年。采用极大似然估计法估计式（2.13）得到各参数估计值（见表 2-5）。

表 2-5　我国人均 GDP 的"S"形增长曲线的极大似然估计法估计

估计参数	人均 GDP 增长曲线参数估计值
α	0.002639 (1.9611)
a	85.000203 (1.9596)
b	0.091038 (5.3766)
目标函数值	154.01

注：表中小括号内数值为各参数估计 T 统计值。

由表 2-5 中我国人均 GDP 的"S"形增长曲线的极大似然估计法估计值可得到：

$$K = 1/\alpha = 378.93 \qquad (2.35)$$

曲线拐点为：t = log（a）/b = 48.80，2033 年的 t 为 48，2034 年的 t 为 49，此时，1986 年的 t 的值设定为 1。由此可知，我国人均 GDP 将在 2033 年进入增长的平稳期。

由表 2-5 中的各参数估计值，我们可得到如下我国人均 GDP 的"S"形增长曲线：

$$y_t = \frac{378.93}{1 + 85.000203 \cdot e^{-0.091038 \cdot t}} \qquad (2.36)$$

由式（2.36）可得到 1986—2080 年人均 GDP 的模拟值（见表 2-6）。由 1986—2016 年我国实际人均 GDP 与模拟人均 GDP，根据指标 e^2，计算可得到 $e^2 = 1.6750$。由模拟的我国人均 GDP 可得到模拟的人均增长率（见表 2-6）。

表 2-6　　　我国人均 GDP 的实际值和模拟值

年份	实际人均 GDP	模拟人均 GDP	实际与模拟人均 GDP 之差	实际人均 GDP 增长率（%）	模拟人均 GDP 增长率（%）
1986	**5.3098**	4.8207	0.4891	7.3	
1987	5.8355	5.2737	0.5618	9.9	9.3984
1988	6.384	5.7687	0.6153	9.4	9.3860
1989	6.55	6.3094	0.2406	2.6	9.3724
1990	6.7072	6.8998	-0.1926	2.4	9.3575
1991	7.2304	7.5443	-0.3139	7.8	9.3413
1992	8.1559	8.2477	-0.0918	12.8	9.3236
1993	9.1835	9.0151	0.1684	12.6	9.3043
1994	10.2672	9.8520	0.4152	11.8	9.2833
1995	11.2734	10.7643	0.5091	9.8	9.2603
1996	12.2654	11.7584	0.5070	8.8	9.2353
1997	13.2589	12.8412	0.4177	8.1	9.2081
1998	14.1605	14.0198	0.1407	6.8	9.1784
1999	15.1093	15.3021	-0.1928	6.7	9.1462
2000	16.2576	16.6963	-0.4387	7.6	9.1111
2001	17.4932	18.2111	-0.7179	7.6	9.0730
2002	18.9626	19.8559	-0.8933	8.4	9.0316

续表

年份	实际人均GDP	模拟人均GDP	实际与模拟人均GDP之差	实际人均GDP增长率（%）	模拟人均GDP增长率（%）
2003	20.7451	21.6403	-0.8952	9.4	8.9868
2004	22.7159	23.5745	-0.8586	9.5	8.9381
2005	25.1465	25.6692	-0.5227	10.7	8.8854
2006	28.1892	27.9354	0.2538	12.1	8.8284
2007	32.0229	30.3844	1.6385	13.6	8.7668
2008	34.937	33.0280	1.9090	9.1	8.7003
2009	38.0464	35.8778	2.1686	8.9	8.6286
2010	41.8891	38.9459	2.9432	10.1	8.5515
2011	45.6591	42.2440	3.4151	9	8.4685
2012	48.9922	45.7839	3.2083	7.3	8.3795
2013	52.5196	49.5767	2.9429	7.2	8.2841
2014	56.091	53.6330	2.4580	6.8	8.1821
2015	59.6808	57.9629	1.7179	6.4	8.0731
2016	63.3213	62.5751	0.7462	6.1	7.9571
2017	—	67.4771	—	—	7.8338
2018	—	72.6750	—	—	7.7031
2019	—	78.1727	—	—	7.5648
2020	—	83.9723	—	—	7.4189
2021	—	90.0733	—	—	7.2655
2022	—	96.4726	—	—	7.1045
2023	—	103.1641	—	—	6.9362
2024	—	110.1388	—	—	6.7608
2025	—	117.3844	—	—	6.5785
2026	—	124.8851	—	—	6.3899
2027	—	132.6221	—	—	6.1953

续表

年份	实际人均GDP	模拟人均GDP	实际与模拟人均GDP之差	实际人均GDP增长率（%）	模拟人均GDP增长率（%）
2028	—	140.5731	—	—	5.9953
2029	—	148.7131	—	—	5.7905
2030	—	157.0139	—	—	5.5818
2031	—	165.4451	—	—	5.3697
2032	—	173.9740	—	—	5.1552
2033	—	182.5667	—	—	4.9390
2034	—	191.1878	—	—	4.7222
2035	—	199.8019	—	—	4.5055
2036	—	208.3733	—	—	4.2899
2037	—	216.8672	—	—	4.0763
2038	—	225.2500	—	—	3.8654
2039	—	233.4901	—	—	3.6582
2040	—	241.5578	—	—	3.4553
2041	—	249.4262	—	—	3.2574
2042	—	257.0713	—	—	3.0651
2043	—	264.4721	—	—	2.8789
2044	—	271.6111	—	—	2.6993
2045	—	278.4740	—	—	2.5267
2046	—	285.0497	—	—	2.3613
2047	—	291.3304	—	—	2.2034
2048	—	297.3111	—	—	2.0529
2049	—	302.9900	—	—	1.9101
2050	—	308.3676	—	—	1.7748
2051	—	313.4466	—	—	1.6471
2052	—	318.2320	—	—	1.5267

续表

年份	实际人均GDP	模拟人均GDP	实际与模拟人均GDP之差	实际人均GDP增长率（%）	模拟人均GDP增长率（%）
2053	—	322.7305	—	—	1.4136
2054	—	326.9499	—	—	1.3074
2055	—	330.8998	—	—	1.2081
2056	—	334.5902	—	—	1.1153
2057	—	338.0321	—	—	1.0287
2058	—	341.2369	—	—	0.9481
2059	—	344.2163	—	—	0.8731
2060	—	346.9823	—	—	0.8036
2061	—	349.5468	—	—	0.7391
2062	—	351.9214	—	—	0.6793
2063	—	354.1177	—	—	0.6241
2064	—	356.1470	—	—	0.5731
2065	—	358.0201	—	—	0.5259
2066	—	359.7475	—	—	0.4825
2067	—	361.3392	—	—	0.4425
2068	—	362.8048	—	—	0.4056
2069	—	364.1532	—	—	0.3717
2070	—	365.3931	—	—	0.3405
2071	—	366.5325	—	—	0.3118
2072	—	367.5790	—	—	0.2855
2073	—	368.5396	—	—	0.2613
2074	—	369.4211	—	—	0.2392
2075	—	370.2295	—	—	0.2188
2076	—	370.9707	—	—	0.2002
2077	—	371.6500	—	—	0.1831

续表

年份	实际人均 GDP	模拟人均 GDP	实际与模拟人均 GDP 之差	实际人均 GDP 增长率（%）	模拟人均 GDP 增长率（%）
2078	—	372.2723	—	—	0.1675
2079	—	372.8424	—	—	0.1531
2080	—	373.3643	—	—	0.1400

说明：人均 GDP 是以 1952 年价计的，也就是 1952 年 = 1。

由图 2-5 可知，模拟的我国人均 GDP 的"S"形增长曲线 t 在 49—50 期（2034—2035 年）出现拐点，即经济增长由快速增长过渡到平稳慢速增长。

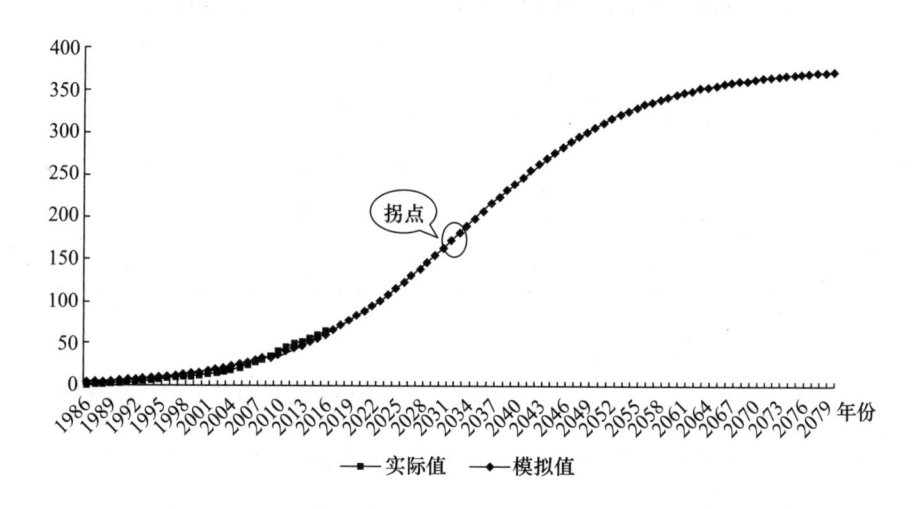

图 2-5 我国人均 GDP 的实际值和模拟值

由表 2-2 可知，1953—1978 年我国人均 GDP 增长波动较大，我国人均 GDP 增长的变化在 1984—2016 年增长较快,2015—2034年为经济高速增长期,2034年以后将进入平稳发展期。

(三) 贝叶斯法估计

1. 估计的区间为:1978—2016年

在SAS软件中,利用贝叶斯法估计式(2.13)。假定α、a和b先验分布分别为均匀分布、正态分布和正态分布。式(2-13)先进行1000次预迭代,以确保参数的收敛性,再进行50000次迭代,从第1001次开始到50000次迭代运行进行估计得到模型各参数的估计值(见表2-7)。

表2-7　贝叶斯法估计我国人均GDP的"S"形增长曲线各参数值

参数	均值	方差	25%	50%	75%
α	0.00404	0.0011	0.00311	0.00405	0.00498
a	88.3568	9.5346	81.9983	88.3764	94.6755
b	0.0896	0.0286	0.0696	0.0884	0.1084
$\sum^2$	0.2693	0.0638	0.2245	0.2596	0.3043

由表2-7可知,α的均值为0.00404,95%的置信区间为(0.00398,0.0042);a的均值为88.3568,95%的置信区间为(87.9856,89.4521);b的均值为0.0896,95%的置信区间为(0.0867,0.09176)。

对于任何以MCMC模型为基础的概率模型分析,MCMC模型模拟的收敛性判断是非常重要的一步。模型针对两组初始值进行1000次迭代,收敛性诊断图中各参数趋于收敛，各系数 α、a 和 b 等后验概率分布密度估计与设定的前验概率分布密度基本上是一致的。

由表 2-7 可知，α = 0.00404，可得到 k = 247.52，a = 88.3568，b = 0.0896。

由 t = log (a)/b = 50.02，即为 2027 年的 t 为 50，2028 年的 t 为 51，此时 1978 年的 t 为 1。

这样，由表 2-7 中各参数估计值可得到如下我国人均 GDP "S" 形增长曲线函数为：

$$y_t = \frac{247.52}{1 + 88.3568 \cdot e^{-0.0896t}} \quad (2.37)$$

由式（2.37）可得到 1978—2080 年人均 GDP 的模拟值（见表 2-8）。由 1976—2016 年的实际人均 GDP 与模拟人均 GDP 可计算得到 $e^2 = 7.7907$。由式（2.31）可模拟得到我国人均 GDP 增长率（见表 2-8）。

表 2-8　　我国人均 GDP 的实际值和模拟值

年份	实际人均 GDP	模拟人均 GDP	实际与模拟人均 GDP	实际人均 GDP 增长率（%）	模拟人均 GDP 增长率（%）
1978	**2.8248**	3.0265	-0.2017	10.2	—
1979	3	3.3064	-0.3064	6.2	9.2485
1980	3.195	3.6118	-0.4168	6.5	9.2369
1981	3.3164	3.9450	-0.6286	3.8	9.2243
1982	3.5618	4.3083	-0.7465	7.4	9.2105
1983	3.8895	4.7045	-0.8150	9.2	9.1955
1984	4.4223	5.1363	-0.7140	13.7	9.1792
1985	4.9486	5.6069	-0.6583	11.9	9.1613

续表

年份	实际人均GDP	模拟人均GDP	实际与模拟人均GDP	实际人均GDP增长率（%）	模拟人均GDP增长率（%）
1986	**5.3098**	6.1195	-0.8097	7.3	9.1419
1987	5.8355	6.6776	-0.8421	9.9	9.1208
1988	6.384	7.2851	-0.9011	9.4	9.0978
1989	6.55	7.9461	-1.3961	2.6	9.0727
1990	6.7072	8.6648	-1.9576	2.4	9.0455
1991	7.2304	9.4461	-2.2157	7.8	9.0159
1992	8.1559	10.2947	-2.1388	12.8	8.9838
1993	9.1835	11.2159	-2.0324	12.6	8.9489
1994	10.2672	12.2154	-1.9482	11.8	8.9111
1995	11.2734	13.2989	-2.0255	9.8	8.8700
1996	12.2654	14.4726	-2.2072	8.8	8.8256
1997	13.2589	15.7430	-2.4841	8.1	8.7775
1998	14.1605	17.1166	-2.9561	6.8	8.7255
1999	15.1093	18.6005	-3.4912	6.7	8.6693
2000	16.2576	20.2017	-3.9441	7.6	8.6086
2001	17.4932	21.9276	-4.4344	7.6	8.5433
2002	18.9626	23.7855	-4.8229	8.4	8.4729
2003	20.7451	25.7828	-5.0377	9.4	8.3973
2004	22.7159	27.9270	-5.2111	9.5	8.3161
2005	25.1465	30.2251	-5.0786	10.7	8.2290
2006	28.1892	32.6842	-4.4950	12.1	8.1359
2007	32.0229	35.3108	-3.2879	13.6	8.0364
2008	34.937	38.1111	-3.1741	9.1	7.9304
2009	38.0464	41.0905	-3.0441	8.9	7.8176
2010	41.8891	44.2535	-2.3644	10.1	7.6978
2011	45.6591	47.6039	-1.9448	9	7.5709

续表

年份	实际人均GDP	模拟人均GDP	实际与模拟人均GDP	实际人均GDP增长率（%）	模拟人均GDP增长率（%）
2012	48.9922	51.1441	-2.1519	7.3	7.4368
2013	52.5196	54.8753	-2.3557	7.2	7.2955
2014	56.091	58.7973	-2.7063	6.8	7.1470
2015	59.6808	62.9080	-3.2272	6.4	6.9913
2016	63.3213	67.2038	-3.8825	6.1	6.8286
2017	—	71.6790	—	—	6.6592
2018	—	76.3260	—	—	6.4832
2019	—	81.1354	—	—	6.3010
2020	—	86.0953	—	—	6.1132
2021	—	91.1923	—	—	5.9202
2022	—	96.4109	—	—	5.7226
2023	—	101.7337	—	—	5.5210
2024	—	107.1420	—	—	5.3162
2025	—	112.6158	—	—	5.1089
2026	—	118.1338	—	—	4.8999
2027	—	123.6744	—	—	4.6901
2028	—	129.2153	—	—	4.4802
2029	—	134.7344	—	—	4.2712
2030	—	140.2098	—	—	4.0639
2031	—	145.6205	—	—	3.8590
2032	—	150.9462	—	—	3.6573
2033	—	156.1683	—	—	3.4595
2034	—	161.2693	—	—	3.2663
2035	—	166.2337	—	—	3.0783
2036	—	171.0479	—	—	2.8960
2037	—	175.7001	—	—	2.7198

续表

年份	实际人均GDP	模拟人均GDP	实际与模拟人均GDP	实际人均GDP增长率（%）	模拟人均GDP增长率（%）
2038	—	180.1807	—	—	2.5502
2039	—	184.4821	—	—	2.3873
2040	—	188.5986	—	—	2.2314
2041	—	192.5264	—	—	2.0826
2042	—	196.2635	—	—	1.9411
2043	—	199.8097	—	—	1.8068
2044	—	203.1659	—	—	1.6797
2045	—	206.3347	—	—	1.5597
2046	—	209.3196	—	—	1.4467
2047	—	212.1254	—	—	1.3404
2048	—	214.7573	—	—	1.2407
2049	—	217.2214	—	—	1.1474
2050	—	219.5244	—	—	1.0602
2051	—	221.6732	—	—	0.9788
2052	—	223.6749	—	—	0.9030
2053	—	225.5370	—	—	0.8325
2054	—	227.2669	—	—	0.7670
2055	—	228.8719	—	—	0.7062
2056	—	230.3593	—	—	0.6499
2057	—	231.7362	—	—	0.5977
2058	—	233.0096	—	—	0.5495
2059	—	234.1862	—	—	0.5050
2060	—	235.2724	—	—	0.4638
2061	—	236.2744	—	—	0.4259
2062	—	237.1980	—	—	0.3909
2063	—	238.0488	—	—	0.3587

续表

年份	实际人均 GDP	模拟人均 GDP	实际与模拟人均 GDP	实际人均 GDP 增长率（%）	模拟人均 GDP 增长率（%）
2064	—	238.8320	—	—	0.3290
2065	—	239.5526	—	—	0.3017
2066	—	240.2153	—	—	0.2766
2067	—	240.8244	—	—	0.2536
2068	—	241.3840	—	—	0.2324
2069	—	241.8979	—	—	0.2129
2070	—	242.3697	—	—	0.1950
2071	—	242.8027	—	—	0.1786
2072	—	243.1999	—	—	0.1636
2073	—	243.5643	—	—	0.1498
2074	—	243.8983	—	—	0.1372
2075	—	244.2046	—	—	0.1256
2076	—	244.4852	—	—	0.1149
2077	—	244.7424	—	—	0.1052
2078	—	244.9780	—	—	0.0963
2079	—	245.1938	—	—	0.0881
2080	—	245.3915	—	—	0.0806

注：人均 GDP 是以 1952 年价计的，也就是 1952 年 =1。

由图 2-6 可知，模拟的我国人均 GDP 的 "S" 形增长曲线 t 在 49—50 期（在 2034—2035 年）出现拐点，即经济增长由快速增长过渡到平稳慢速增长。

由表 2-2 可知，1953—1978 年我国人均 GDP 增长的波动较大，我国人均 GDP 增长的变化在 1984—2016 年增长较快，而在 2015—2034 年为高速增长期，2034 年以后将进入平稳发展期。

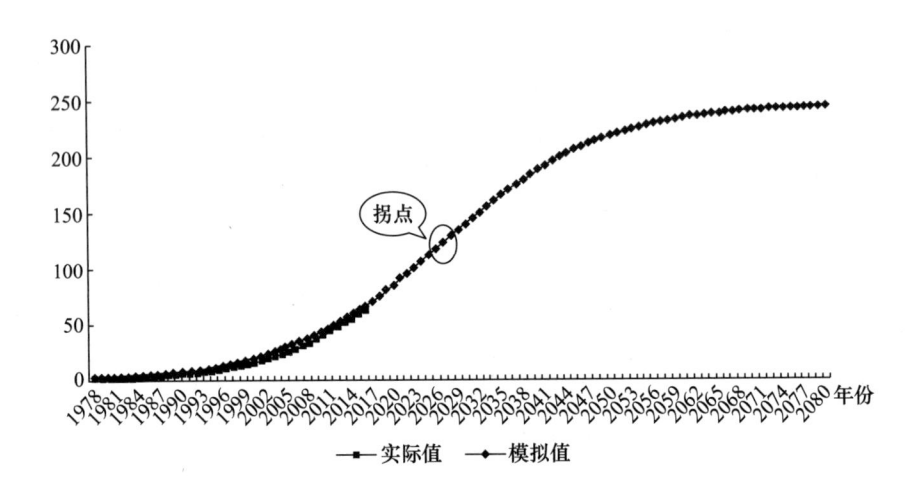

图 2-6　我国人均 GDP 的实际值和模拟值

2. 估计的区间为：1986—2016 年

在 SAS 软件中利用贝叶斯法估计式（2.13）。假定 α、a 和 b 先验分布分别为均匀分布、正态分布和正态分布。模型先进行 1000 次预迭代，以确保参数的收敛性，再进行 50000 次迭代，从第 1001 次开始到 50000 次迭代运行进行估计（见表 2-9）。

由表 2-9 可知，α 的均值为 0.0038，95% 的置信区间为（0.00369，0.00389）；a 的均值为 76.0224，95% 的置信区间为（75.5612，78.2134）；b 的均值为 0.0929，95% 的置信区间为（0.0867，0.09776）。

表2-9　　贝叶斯法估计的我国人均GDP增长曲线

参数	均值	方差	25%	50%	75%
α	0.0038	0.00112	0.00283	0.00372	0.00473
a	76.0224	6.5908	71.8671	75.0919	79.2783
b	0.0929	0.0296	0.0725	0.0927	0.1126
Σ^2	0.3413	0.0904	0.2772	0.3270	0.3889

对于任何以MCMC模型为基础的概率模型分析，MCMC模型模拟的收敛性判断是非常重要的一步。模型针对两组初始值进行1000次迭代，收敛性诊断图中各参数趋于收敛，各系数α、a和b等后验概率分布密度估计与设定的前验概率分布密度基本上是一致的。

由表2-9可知，模型的参数估计值α=0.0038，可得到k=263.16，a=76.0224，b=0.0929。从而，我们可得到：

$$t = \log(a)/b = 46.62 \qquad (2.38)$$

2031年的t为46，2032年的t为47。这样，我国人均GDP"S"形增长曲线函数为：

$$y_t = \frac{263.16}{1 + 76.0224 \cdot e^{-0.0929 \cdot t}} \qquad (2.39)$$

由式（2.39）可得到1986—2080年人均GDP的模拟值（见表2-10）。由1986—2016年实际人均GDP与模拟人均GDP可计算得到指标值$e^2 = 38.88$。

表 2-10　我国人均 GDP 的实际值和模拟值

年份	实际人均 GDP	模拟人均 GDP	实际与模拟人均 GDP 之差	实际人均 GDP 增长率（%）	模拟人均 GDP 增长率（%）
1986	5.3098	3.7446	1.5652	7.3	—
1987	5.8355	4.1034	1.7321	9.9	9.5834
1988	6.384	4.4961	1.8879	9.4	9.5689
1989	6.55	4.9256	1.6244	2.6	9.5530
1990	6.7072	5.3953	1.3119	2.4	9.5356
1991	7.2304	5.9087	1.3217	7.8	9.5166
1992	8.1559	6.4698	1.6861	12.8	9.4959
1993	9.1835	7.0827	2.1008	12.6	9.4732
1994	10.2672	7.7519	2.5153	11.8	9.4484
1995	11.2734	8.4822	2.7912	9.8	9.4214
1996	12.2654	9.2789	2.9865	8.8	9.3919
1997	13.2589	10.1473	3.1116	8.1	9.3598
1998	14.1605	11.0936	3.0669	6.8	9.3248
1999	15.1093	12.1238	2.9855	6.7	9.2867
2000	16.2576	13.2447	3.0129	7.6	9.2452
2001	17.4932	14.4632	3.0300	7.6	9.2002
2002	18.9626	15.7867	3.1759	8.4	9.1512
2003	20.7451	17.2230	3.5221	9.4	9.0981
2004	22.7159	18.7801	3.9358	9.5	9.0405
2005	25.1465	20.4662	4.6803	10.7	8.9781
2006	28.1892	22.2898	5.8994	12.1	8.9106
2007	32.0229	24.2597	7.7632	13.6	8.8377
2008	34.937	26.3847	8.5523	9.1	8.7591
2009	38.0464	28.6734	9.3730	8.9	8.6745
2010	41.8891	31.1346	10.7545	10.1	8.5834

续表

年份	实际人均GDP	模拟人均GDP	实际与模拟人均GDP之差	实际人均GDP增长率（%）	模拟人均GDP增长率（%）
2011	45.6591	33.7766	11.8825	9	8.4857
2012	48.9922	36.6074	12.3848	7.3	8.3810
2013	52.5196	39.6344	12.8852	7.2	8.2690
2014	56.091	42.8644	13.2266	6.8	8.1495
2015	59.6808	46.3031	13.3777	6.4	8.0223
2016	63.3213	49.9551	13.3662	6.1	7.8872
2017	—	53.8237	—	—	7.7441
2018	—	57.9105	—	—	7.5929
2019	—	62.2153	—	—	7.4336
2020	—	66.7362	—	—	7.2664
2021	—	71.4686	—	—	7.0913
2022	—	76.4062	—	—	6.9087
2023	—	81.5397	—	—	6.7188
2024	—	86.8578	—	—	6.5220
2025	—	92.3463	—	—	6.3190
2026	—	97.9889	—	—	6.1103
2027	—	103.7668	—	—	5.8965
2028	—	109.6592	—	—	5.6785
2029	—	115.6435	—	—	5.4571
2030	—	121.6954	—	—	5.2333
2031	—	127.7897	—	—	5.0078
2032	—	133.9003	—	—	4.7818
2033	—	140.0009	—	—	4.5561
2034	—	146.0654	—	—	4.3317
2035	—	152.0682	—	—	4.1097

续表

年份	实际人均 GDP	模拟人均 GDP	实际与模拟人均 GDP 之差	实际人均 GDP 增长率（%）	模拟人均 GDP 增长率（%）
2036	—	157.9848	—	—	3.8908
2037	—	163.7923	—	—	3.6760
2038	—	169.4692	—	—	3.4659
2039	—	174.9964	—	—	3.2615
2040	—	180.3569	—	—	3.0632
2041	—	185.5360	—	—	2.8716
2042	—	190.5216	—	—	2.6871
2043	—	195.3041	—	—	2.5102
2044	—	199.8764	—	—	2.3411
2045	—	204.2335	—	—	2.1799
2046	—	208.3728	—	—	2.0268
2047	—	212.2938	—	—	1.8817
2048	—	215.9977	—	—	1.7447
2049	—	219.4873	—	—	1.6156
2050	—	222.7671	—	—	1.4943
2051	—	225.8424	—	—	1.3805
2052	—	228.7198	—	—	1.2741
2053	—	231.4065	—	—	1.1747
2054	—	233.9104	—	—	1.0820
2055	—	236.2398	—	—	0.9959
2056	—	238.4034	—	—	0.9158
2057	—	240.4098	—	—	0.8416
2058	—	242.2679	—	—	0.7729
2059	—	243.9863	—	—	0.7093
2060	—	245.5736	—	—	0.6506

续表

年份	实际人均 GDP	模拟人均 GDP	实际与模拟人均 GDP 之差	实际人均 GDP 增长率（%）	模拟人均 GDP 增长率（%）
2061	—	247.0382	—	—	0.5964
2062	—	248.3882	—	—	0.5465
2063	—	249.6313	—	—	0.5005
2064	—	250.7750	—	—	0.4582
2065	—	251.8264	—	—	0.4193
2066	—	252.7923	—	—	0.3835
2067	—	253.6789	—	—	0.3507
2068	—	254.4923	—	—	0.3206
2069	—	255.2381	—	—	0.2931
2070	—	255.9216	—	—	0.2678
2071	—	256.5476	—	—	0.2446
2072	—	257.1208	—	—	0.2234
2073	—	257.6453	—	—	0.2040
2074	—	258.1252	—	—	0.1863
2075	—	258.5641	—	—	0.1700
2076	—	258.9653	—	—	0.1552
2077	—	259.3320	—	—	0.1416
2078	—	259.6671	—	—	0.1292
2079	—	259.9732	—	—	0.1179
2080	—	260.2528	—	—	0.1075

注：人均 GDP 是以 1952 年价计的，也就是 1952 年 = 1。

由图 2-7 可知，模拟的我国人均 GDP 的"S"形增长曲线 t 在 49—50 期（在 2034—2035 年）出现拐点，即经济增长由快速增长过渡到平稳慢速增长。

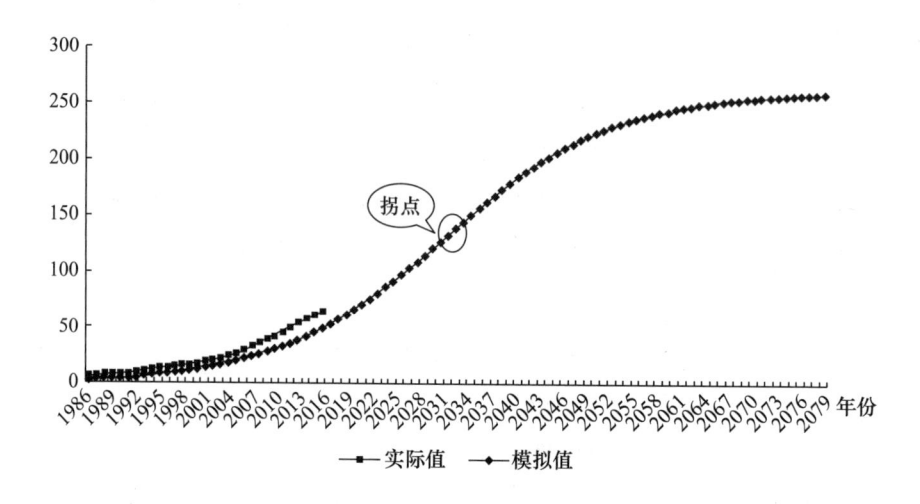

图 2-7　我国人均 GDP 的实际值和模拟值

由表 2-2 可知，1953—1978 年我国人均 GDP 增长的波动较大，我国人均 GDP 增长的变化在 1984—2016 年增长较快，2017—2034 年为高速增长期，2034 年以后将进入平稳发展期。

（四）增长 Logisitic 增长模型三和法估计

由图 2-2 可知，1986—2009 年我国人均 GDP 增长呈现出"S"形曲线，我们可将样本分成三阶，分别为 $t=1$, $2, \cdots, 8$；$t=9, 10, \cdots, 16$；$t=17, 18, \cdots, 24$，$r=8$，则可分别计算①：

---

① $t=1$ 相当于 1986 年。我们采用不同时间的样本进行估计，但我们得到的 K 值是负的。显然，采用三和法估计的"S"形增长曲线具有较高的要求，有时不能成功估计出"S"形增长曲线。

$$S_1 = \sum_{t=1}^{8} \frac{1}{y_t} = 1.1879 \tag{2.40}$$

$$S_2 = \sum_{t=9}^{16} \frac{1}{y_t} = 0.5986 \tag{2.41}$$

$$S_3 = \sum_{t=17}^{24} \frac{1}{y_t} = 0.3063 \tag{2.42}$$

$$D_1 = S_1 - S_2 = 0.5894 \tag{2.43}$$

$$D_2 = S_2 - S_3 = 0.2922 \tag{2.44}$$

$$b = (\ln D_1 - \ln D_2)/r = 0.0877 \tag{2.45}$$

$$K = \frac{r}{S_1 - D_1^2/(D_1 - D_2)} = 419.95 \tag{2.46}$$

$$a = K \frac{D_1^2}{D_1 - D_2} \cdot \frac{e^b - 1}{1 - e^{-rb}} = 89.24 \tag{2.47}$$

由式（2.45）和式（2.47）可得到估计的"S"形增长曲线转折点为：

$$t = \log(a)/b = 51.21 \tag{2.48}$$

我们定义1986年的 t = 1，这样，t = 51.21，大约在2036年我国经济增长进入拐点，也就是2036年我国经济高速增长即将结束。

这样，增长曲线函数为：

$$y_t = \frac{419.95}{1 + 89.2356 \cdot e^{-0.0877 \cdot t}} \tag{2.49}$$

由上式可得到1986—2076年人均GDP的模拟值（见表2-11）。由1986—2016年实际人均GDP与模拟人均GDP可计算得到指标值 $e^2 = 2.9128$。

表 2-11　我国人均 GDP 的实际值和模拟值

年份	实际人均 GDP	模拟人均 GDP	实际与模拟人均 GDP 之差	实际人均 GDP 增长率（%）	模拟人均 GDP 增长率（%）
1986	**5.3098**	5.0754	0.2344	7.3	—
1987	5.8355	5.5344	0.3011	9.9	9.0453
1988	6.384	6.0344	0.3496	9.4	9.0343
1989	6.55	6.5789	-0.0289	2.6	9.0225
1990	6.7072	7.1716	-0.4644	2.4	9.0095
1991	7.2304	7.8167	-0.5863	7.8	8.9954
1992	8.1559	8.5187	-0.3628	12.8	8.9801
1993	9.1835	9.2823	-0.0988	12.6	8.9635
1994	10.2672	10.1126	0.1546	11.8	8.9453
1995	11.2734	11.0152	0.2582	9.8	8.9256
1996	12.2654	11.9960	0.2694	8.8	8.9042
1997	13.2589	13.0614	0.1975	8.1	8.8810
1998	14.1605	14.2181	-0.0576	6.8	8.8557
1999	15.1093	15.4733	-0.3640	6.7	8.8283
2000	16.2576	16.8347	-0.5771	7.6	8.7986
2001	17.4932	18.3105	-0.8173	7.6	8.7664
2002	18.9626	19.9093	-0.9467	8.4	8.7315
2003	20.7451	21.6401	-0.8950	9.4	8.6937
2004	22.7159	23.5126	-0.7967	9.5	8.6529
2005	25.1465	25.5368	-0.3903	10.7	8.6087
2006	28.1892	27.7230	0.4662	12.1	8.5610
2007	32.0229	30.0820	1.9409	13.6	8.5095
2008	34.937	32.6252	2.3118	9.1	8.4540
2009	38.0464	35.3638	2.6826	8.9	8.3942
2010	41.8891	38.3095	3.5796	10.1	8.3299

第二章　人均 GDP 的"S"形增长曲线 | 77

续表

年份	实际人均GDP	模拟人均GDP	实际与模拟人均GDP之差	实际人均GDP增长率（%）	模拟人均GDP增长率（%）
2011	45.6591	41.4742	4.1849	9	8.2608
2012	48.9922	44.8696	4.1226	7.3	8.1867
2013	52.5196	48.5073	4.0123	7.2	8.1073
2014	56.091	52.3987	3.6923	6.8	8.0224
2015	59.6808	56.5548	3.1260	6.4	7.9317
2016	63.3213	60.9859	2.3354	6.1	7.8349
2017	—	65.7013	—	—	7.7320
2018	—	70.7095	—	—	7.6227
2019	—	76.0176	—	—	7.5069
2020	—	81.6310	—	—	7.3843
2021	—	87.5534	—	—	7.2551
2022	—	93.7863	—	—	7.1190
2023	—	100.3291	—	—	6.9762
2024	—	107.1783	—	—	6.8267
2025	—	114.3278	—	—	6.6707
2026	—	121.7686	—	—	6.5083
2027	—	129.4884	—	—	6.3398
2028	—	137.4720	—	—	6.1655
2029	—	145.7010	—	—	5.9859
2030	—	154.1537	—	—	5.8014
2031	—	162.8057	—	—	5.6126
2032	—	171.6297	—	—	5.4200
2033	—	180.5961	—	—	5.2243
2034	—	189.6731	—	—	5.0261
2035	—	198.8274	—	—	4.8263

续表

年份	实际人均GDP	模拟人均GDP	实际与模拟人均GDP之差	实际人均GDP增长率（%）	模拟人均GDP增长率（%）
2036	—	208.0244	—	—	4.6256
2037	—	217.2288	—	—	4.4247
2038	—	226.4055	—	—	4.2244
2039	—	235.5194	—	—	4.0255
2040	—	244.5366	—	—	3.8287
2041	—	253.4247	—	—	3.6347
2042	—	262.1531	—	—	3.4442
2043	—	270.6934	—	—	3.2578
2044	—	279.0200	—	—	3.0760
2045	—	287.1100	—	—	2.8994
2046	—	294.9437	—	—	2.7285
2047	—	302.5043	—	—	2.5634
2048	—	309.7786	—	—	2.4047
2049	—	316.7559	—	—	2.2524
2050	—	323.4291	—	—	2.1067
2051	—	329.7935	—	—	1.9678
2052	—	335.8474	—	—	1.8357
2053	—	341.5914	—	—	1.7103
2054	—	347.0283	—	—	1.5916
2055	—	352.1628	—	—	1.4796
2056	—	357.0013	—	—	1.3740
2057	—	361.5518	—	—	1.2746
2058	—	365.8232	—	—	1.1814
2059	—	369.8254	—	—	1.0940
2060	—	373.5693	—	—	1.0123

续表

年份	实际人均GDP	模拟人均GDP	实际与模拟人均GDP之差	实际人均GDP增长率（%）	模拟人均GDP增长率（%）
2061	—	377.0659	—	—	0.9360
2062	—	380.3269	—	—	0.8648
2063	—	383.3640	—	—	0.7985
2064	—	386.1890	—	—	0.7369
2065	—	388.8135	—	—	0.6796
2066	—	391.2492	—	—	0.6264
2067	—	393.5073	—	—	0.5772
2068	—	395.5988	—	—	0.5315
2069	—	397.5343	—	—	0.4893
2070	—	399.3240	—	—	0.4502
2071	—	400.9776	—	—	0.4141
2072	—	402.5044	—	—	0.3808
2073	—	403.9133	—	—	0.3500
2074	—	405.2126	—	—	0.3217
2075	—	406.4101	—	—	0.2955
2076	—	407.5133	—	—	0.2715
2077	—	408.5291	—	—	0.2493
2078	—	409.4641	—	—	0.2289
2079	—	410.3244	—	—	0.2101
2080	—	411.1156	—	—	0.1928

注：人均GDP是以1952年价计的，也就是1952年=1。

由图2-8可知，模拟的我国人均GDP的"S"形增长曲线t在49—50期（在2034—2035年）出现拐点，即经济增长由快速增长过渡到平稳慢速增长。

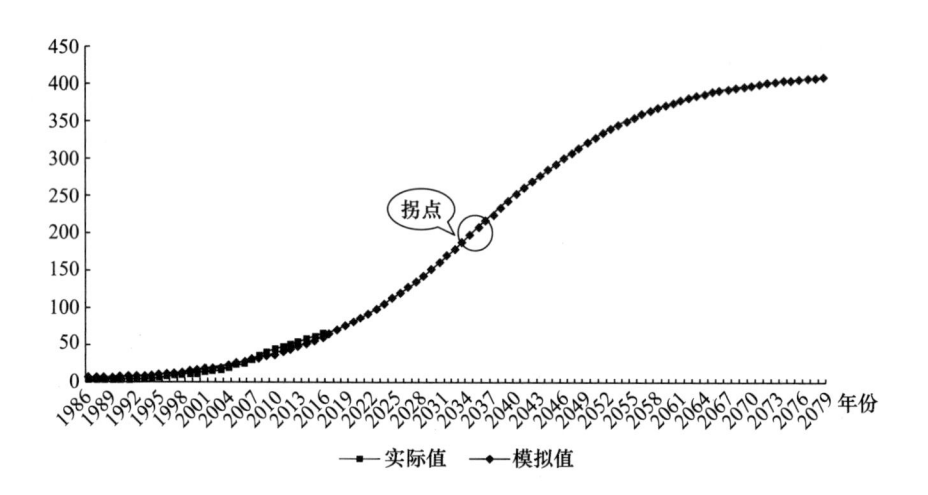

图 2-8　我国人均 GDP 的实际值和模拟值

由表 2-2 可知，1953—1978 年的人均 GDP 增长的波动较大，我国人均 GDP 增长的变化在 1984—2016 年增长较快，而在 2015—2034 年为高速增长期，而 2034 年以后，则进入平稳发展期。

（五）估计的人均 GDP 的"S"形增长曲线比较

由上述三种估计方法和两个样本区间估计得到的我国人均 GDP 的"S"形增长曲线，以及实际人均 GDP 与模拟人均 GDP 可计算得到指标 e^2 值大小比较可知，极大似然估计法估计的人均 GDP 的"S"形增长曲线样本区间 1978—2016 年得到 e^2 为 14.2925；贝叶斯法估计的区间为 1978—2016 年所得到的 e^2 为 7.7907。由此可知，由贝叶斯法估计区间为 1978—2016 年所得的人均 GDP 的"S"形增长曲线式

(2.36),可将式(2.36)作为估计区间1978—2016年我国人均GDP的"S"形增长曲线。

极大似然估计法估计的人均GDP的"S"形增长曲线样本区间1986—2016年得到e^2为1.6750;贝叶斯法估计的人均GDP的"S"形增长曲线区间为1986—2016年所得到的e^2为38.88;由三和法估计人均GDP的"S"形增长得到的e^2为2.9128。这样,由极大似然估计法估计的区间为1986—2016年所得的人均GDP的"S"形增长曲线式(2.33),可将模型(2.33)作为估计区间1986—2016年我国人均GDP的"S"形增长曲线。

四 发达国家人均GDP的"S"形增长曲线

我国人均GDP的变化呈现出"S"形增长曲线,那么,英国、美国、法国、德国和日本5个发达国家人均GDP是否也服从"S"形增长曲线?下面我们利用"S"形增长曲线的估计法研究这些国家的人均GDP变化。

(一)英国人均GDP的"S"形增长曲线

由麦迪森(2010)数据库可得到英国1830—2008年人均GDP,由WDI数据库,我们可得到以1830年=1的1830—2016年英国人均GDP变化趋势(见图2-9)。

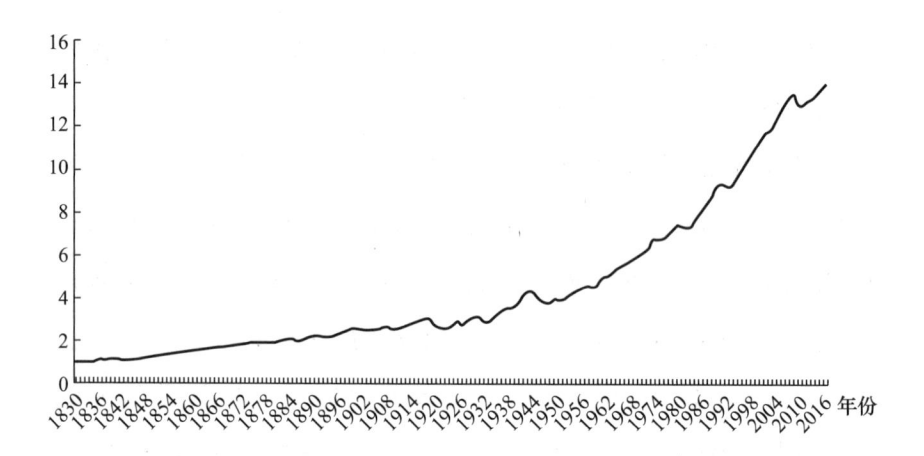

图 2-9 1830—2016 年英国人均 GDP 变化趋势

由图 2-9 可知，英国人均 GDP 增长线呈现出"S"形曲线形状，到 2004 年增长率开始下降，英国的增长曲线出现拐点。由 1830—2016 年的英国人均 GDP，采用前文介绍的相邻数据组合估计得到如下英国人均 GDP 的"S"形增长曲线为①：

$$y_t = \frac{24820.30}{1 + 11.21 e^{-0.018 \cdot t}} \quad (2.50)$$

由人均 GDP 的"S"形增长曲线式（2.50），我们可得到 t = log（a）/b = 133.56，人均 GDP 的"S"形增长曲线的拐点在 1977—1978 年。因此，我们可得到以下两点结论：

（1）英国人均 GDP 加速增长期为 1955—1977 年，其加速增长期为 22 年，在此之前为经济起飞前期；

---

① 模型中的英国人均 GDP 是以 1830 年价计的，模型估计的区间设定为：1845—2016 年。

(2) 英国人均 GDP 减速增长期为 1978—2004 年，增长期为 26 年，此后英国经济将会进入经济停滞。

20 世纪 50 年代英国人均 GDP 真正地进入一个持续 20 多年的快速增长期，之后进入经济缓慢增长期。实际上，英国的经济增长期可能往前推，因为这两个阶段的划分可能受到两个干扰因素的影响：一是第一次世界大战；二是第二次世界大战。这两次世界大战都导致了英国的人均 GDP 增长下降，这就会影响英国人均 GDP 整个曲线的性质，导致估计的时间往后推移。

(二) 美国人均 GDP 的"S"形增长曲线

由麦迪森（2010）数据库得到美国 1870—2008 年的人均 GDP，再由 WDI 数据库，我们可得到以 1870 年 = 1 的 1970—2016 年美国人均 GDP 变化趋势（见图 2-10）。

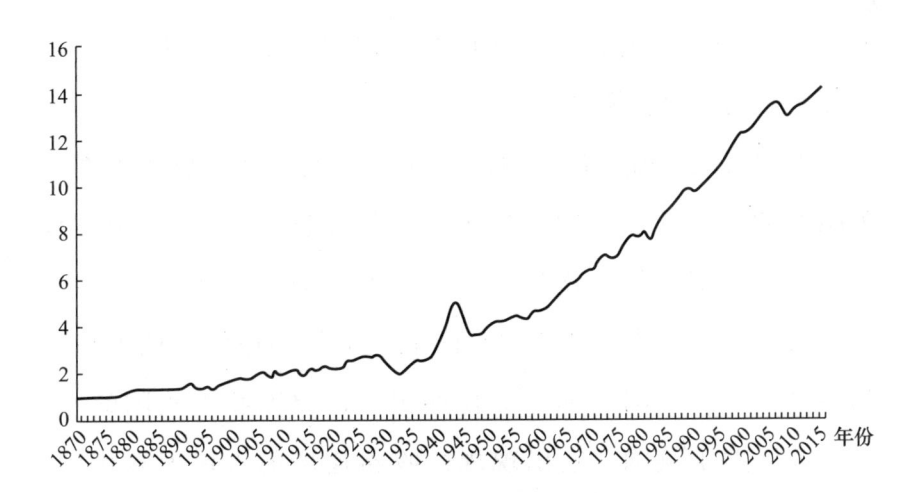

图 2-10　1870—2016 年美国人均 GDP 变化趋势

由图 2-10 可知，美国人均 GDP 增长呈现出"S"形增长曲线形状。除了 1930 年期间的经济危机，美国的人均 GDP 增长率较为平稳，到 2005 年增长率开始下降。由 1870—2016 年的美国人均 GDP，我们采用前文介绍的相邻数据组合估计得到如下美国人均 GDP 的"S"形增长曲线为①：

$$y_t = \frac{24111.19}{1 + 3.98 e^{-0.067 \cdot t}} \qquad (2.51)$$

由人均 GDP 的"S"形增长曲线式（2.51），我们可得到 $t = \log(a)/b = 20.02$，人均 GDP 的"S"形增长曲线的拐点在 1954—1955 年。因此，由估计的美国人均 GDP 的"S"形增长曲线，我们可得到：

（1）美国加速增长期为 1954—1990 年，其间为 46 年，在此之前为经济起飞前期；

（2）美国减速增长期为 1991—2005 年，其间为 14 年，在此之后为经济停滞期。

美国与英国较相似，但走势比英国陡一些，总体来看，美国经济增长的强劲度要强于英国，并且时间要长，在第一次世界大战和第二次世界大战期间也有一个明显的增长期，所以，有可能在估算的时候把美国的加速增长期缩短。我们可以看到美国的加速增长期很长，原因在于美国的人口要远远大于英国，它出现规模收益递增的人口因素作用

---

① 模型中的美国人均 GDP 是以 1870 年价计的（1870 年 = 1），模型估计的区间设定为：1934—2016 年。

力更大。

(三) 法国人均 GDP 的 "S" 形增长曲线

由麦迪森 (2010) 数据库得到法国 1820—2008 年人均 GDP, 由 WDI 数据库, 我们可得到以 1820 年 =1 的 1820—2016 年法国人均 GDP 变化趋势 (见图 2 – 11)。

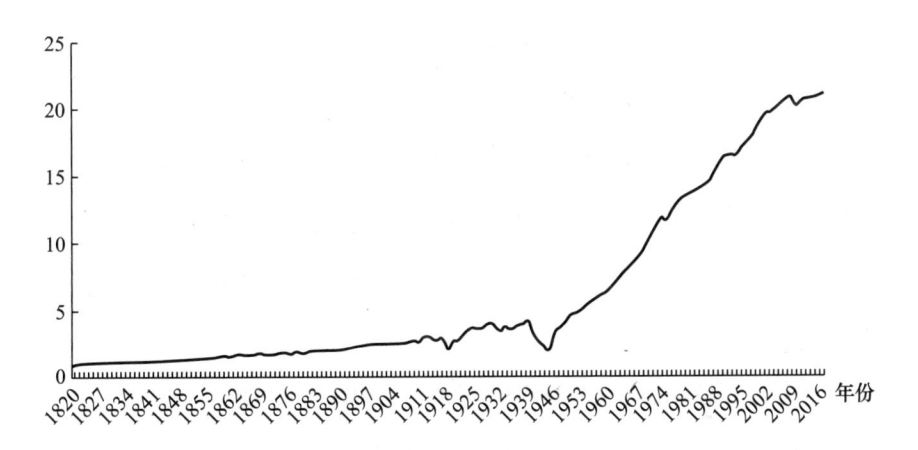

图 2 – 11 1820—2016 年法国人均 GDP 变化趋势

由图 2 – 11 可知, 法国人均 GDP 增长线呈现出 "S" 形曲线形状, 2005 年增长率开始下降。利用 1870—2016 年的法国人均 GDP, 我们采用前文介绍的相邻数据组合估计得到如下法国人均 GDP 的 "S" 形增长曲线为[①]:

$$y_t = \frac{28355.68}{1 + 4.70 e^{-0.050 \cdot t}} \tag{2.52}$$

---

① 模型中的法国人均 GDP 是以 1870 年价计的 (1870 年 =1), 模型估计的区间设定为: 1948—2016 年。

由人均 GDP 的"S"形增长曲线式（2.52）可得到 t = log(a)/b = 30.99，人均 GDP 的"S"形增长曲线的拐点在 1979—1980 年。因此，我们由估计的法国人均 GDP 的"S"形增长曲线可得到：

（1）法国加速增长期为 1954—1986 年，其间为 32 年，在此之前为经济起飞前期；

（2）法国减速增长期为 1987—2000 年，其间为 14 年，在此之后为经济停滞期。

法国经济增长曲线与美国较为相似，法国经济快速增长的时间为 32 年，比美国短，但经济起飞的力度是很大的。这说明人口多的国家处于加速增长期的时间比人口少的国家要长。

（四）德国人均 GDP 的"S"形增长曲线

由麦迪森（2010）数据库得到德国 1850—2016 年人均 GDP，由 WDI 数据库，我们可得到以 1952 年 = 1 的 1850—2016 年德国人均 GDP 变化趋势（见图 2 - 12）。

由图 2 - 12 可知，德国人均 GDP 增长线呈现出"S"形曲线形状，2004 年增长率开始下降。由 1870—2016 年的德国人均 GDP，我们采用前文介绍的相邻数据组合估计得到如下德国人均 GDP 的"S"形增长曲线为[1]：

$$y_t = \frac{21777.83}{1 + 2.76 e^{-0.060 \cdot t}} \tag{2.53}$$

---

[1] 模型中的德国人均 GDP 是以 1870 年价计的（1870 年 = 1），模型估计的区间设定为：1954—2016 年。

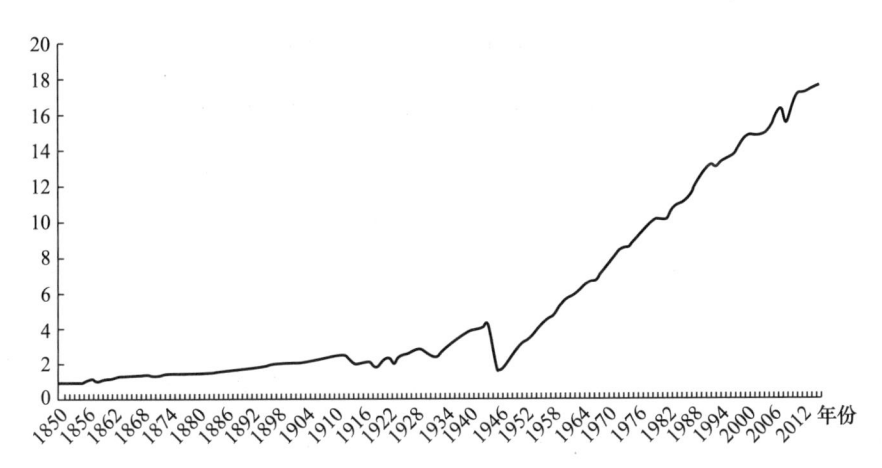

图 2 – 12　1850—2016 年德国人均 GDP 变化趋势

由人均 GDP 的 "S" 形增长曲线式（2.53）可得到：$t = \log(a)/b = 16.78$，人均 GDP 的 "S" 形增长曲线的拐点在 1971—1972 年。由估计的德国人均 GDP 的 "S" 形增长曲线，我们可得到：

（1）德国加速增长期为 1956—1982 年，其间为 26 年，在此之前为经济起飞前期；

（2）德国减速增长期为 1983—2004 年，其间为 21 年，在此之后为经济停滞期。

德国经济变动曲线和法国很相似，但是，德国的经济起飞阶段稍微短一些，这部分原因是我们所得到的德国数据有所不同，它一开始是德国的数据，随后有一段时间是联邦德国的数据，最后又是德国的数据，因此，在估计的时候可能会受到影响。

（五）日本人均 GDP 的 "S" 形增长曲线

由麦迪森（2010）数据库，我们可得到日本 1870—2016

年人均GDP，由WDI数据库，我们可得到以1952年=1的1870—2016年日本人均GDP变化趋势（见图2-13）。

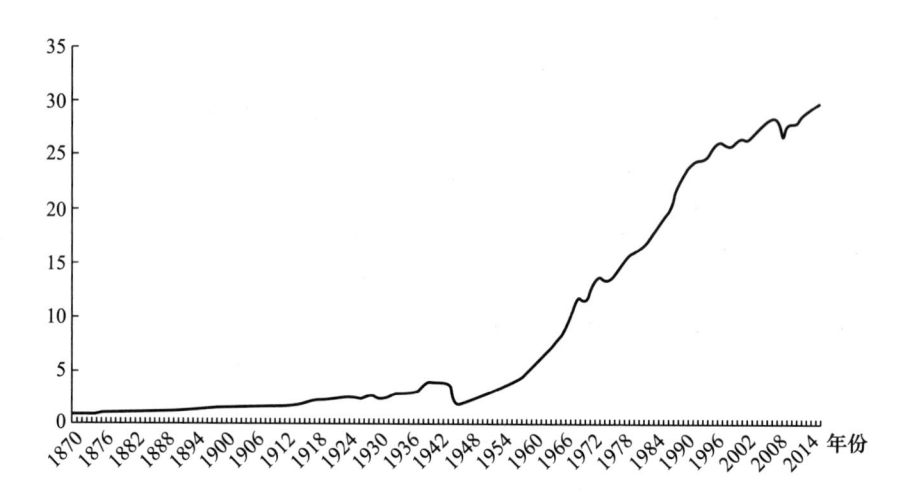

图2-13　1870—2016年日本人均GDP变化趋势

日本人均GDP增长线也呈现出"S"形曲线形状，2005年人均GDP增长率开始下降。利用1870—2016年的日本人均GDP，我们采用前文介绍的三和法估计法得到如下日本人均GDP的"S"形增长曲线为[①]：

$$y_t = \frac{23467.20}{1+8.17e^{-0.094 \cdot t}} \quad (2.54)$$

由人均GDP的"S"形增长曲线式（2.53）可得到t = log(a)/b = 22.43，增长拐点在1977—1978年。由估计的日本人均GDP的"S"形增长曲线，我们可得到：

---

① 模型中的日本人均GDP是以1870年价计的（1870年=1）。模型估计的区间设定为：1952—2016年。

（1）日本加速增长期为 1961—1977 年，其间为 16 年，在此之前为经济起飞前期；

（2）日本减速增长期为 1977—2005 年，其间为 28 年，在此之后为经济停滞期。

日本从 20 世纪 50 年代以后进入高速增长期，我们计算结果显示相对较晚一些，日本的加速增长期为 16 年，而减速增长的时间比较长。这与现实有一点差距，这可能是因为在 1978 年石油危机发生后，日本经济增长的方式发生变化。它前期增长的速度比别的国家要快，因此可能更快地进入经济减速增长期。

上述 5 个国家的实证研究分析说明了上述人均 GDP "S"形增长曲线是有一定解释力的，由此可得到如下两个结论：一是发达国家的经济增长存在比较明显的"S"形曲线现象，发达国家基本走完了这个周期；二是这些国家的周期长短和拐点是不一样的。总体来看，大国的加速增长期相对较长。这里日本是一个另外，这种机制有待于进一步检验。当然，有可能日本的情况属于第三种情况，就是经济起飞时间短、增长速度猛的国家有可能很快就进入减速增长期。

五 增长模式与人均 GDP 的"S"形增长曲线

由上文我国人均 GDP 的"S"形增长曲线估计的两种

情形，相对应地，我们分两种情形来研究我国经济发展模式：一是1978年以来的经济发展模式；二是我国经济增长方式转型以来，1986年以来的新的发展模式。这就出现了两条人均GDP的"S"形增长曲线，现在的问题在于如何对这两条曲线赋予新的经济含义。

1978—2016年，我国人均GDP的"S"形增长曲线主要反映1978年至今我国经济增长方式，也就是原有的以要素投资为主的经济增长方式。按照这样的增长趋势，我国很可能陷入"中等收入陷阱"，也就是图2-14中所表示的模型二。1978年至今，虽然我国在技术创新中取得了不少成绩，但以技术创新为主的增长方式并没有构建。尤其是目前我国正处于原有的增长方式发挥的作用正在逐渐弱化，新的增长方式并没有构建，我国增长方式正处于增长方式转型升级关键期。如按照原有的经济增长模式，技术创新没有形成我国经济增长的主要动力，仅依靠投资等要素进行的增长方式，我国很可能出现"中等收入陷阱"（见图2-14）。

1986—2016年，我国人均GDP的"S"形增长曲线主要反映我国新型增长方式构建上的努力，尤其是在技术创新驱动的创新，也就是我国技术创新型增长方式增长曲线，如果按照这样的增长趋势，我国很可能越过"中等收入陷阱"，第二个百年我国将达到发达国家水平，也就是本章中所表示的模型一（见图2-14）。我国经济增长方式的转型走上新的发展模式，在1978年改革开放的基础上，我们将1986年作为我国经济增长的起点，对原有的增长模式进行转型，我国经济增长可以步入新的发展轨道。将我国所进行的技术创新和经济增长转型，仅仅为刚刚开始，这就出现了新的发展方式（见图2-14）。

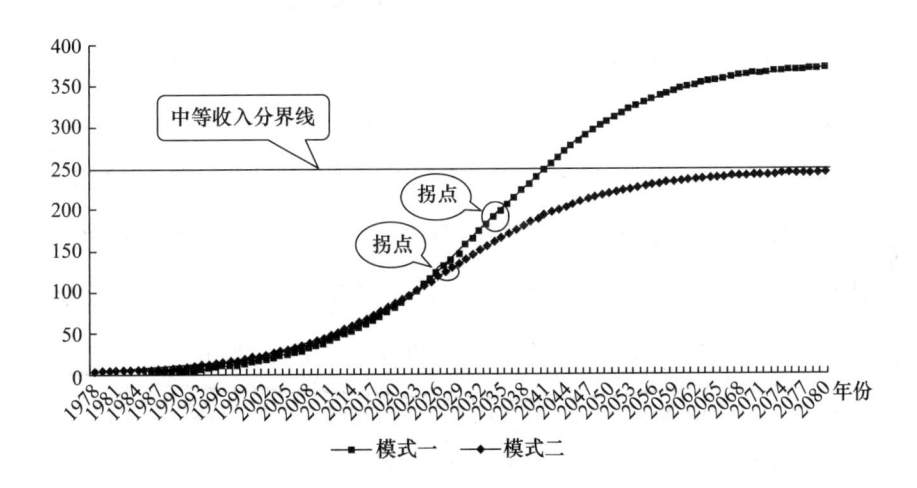

图2-14　我国增长方式与"S"形增长曲线

注：模式一是指以技术创新为主的新型经济增长方式；模式二是指1978年改革开放至今的原有以要素投入为主的增长方式。

（一）原有增长模式与实现第一个百年目标

我国改革开放以来的增长模式是以要素投入为主的增长方式，这个阶段主要是工业化和城市化的双重发展，这些均与以要素投入为主的增长方式相一致。第一个百年目标实现的内在经济逻辑在于工业化和城市化的双重发展，经济发展主要就在于通用技术部门的发展。只有动员生产要素，技术进步才能主要依靠引进和模拟。通用技术部门由于技术和市场较为成熟，差异性小，生产经营风险较小，且通用技术部门在国际市场和国内市场都处于卖方市场，加上生产具有规模报酬递增效应，这就维持了我国经济30多年的高速增长（见图2-14）。

从估计的我国人均GDP的"S"形增长曲线来看，我国人均GDP变化轨迹符合递增的赶超曲线，增长模式仍然属于传统工业化道路。林毅夫等归纳的"赶超战略"，张军的"过度工业化"命题以及"分权与增长"的中国故事，刘世锦的"低价竞争模式"，袁志刚等对中国经济的制度、结构和福祉三个角度的考察，中国经济增长与稳定课题组的"S"形增长曲线及"低价工业化""高价城市化"的结构转变，宋铮及其两位欧洲合作者概括的"中国式增长"，都从不同角度揭示了中国增长模式的特点和转变方向。

在经济体制上，我国实现了由计划经济向市场经济转轨，政府在经济增长中发挥动员资源型的作用，并且各级地方政府之间产生了竞争，这些都有利于我国资源的调动和配置，使资源由农业部门转向工业部门、由农村流向城市，这就产生了产业结构转型升级和城市化的聚集效应双重加速效应，使我国经济保持30多年的高速增长。

有关中国增长模式中的政府行为，一类观点认为，这是中国社会主义制度优越性的体现，集中力量好办大事，将其归纳为体制优势，归纳为"中国模式"。但政府"自由牟利"与民间的经济自由并不相容，不应是中国模式流行的原因。贺大兴、姚洋则把"中性政府"作为"中国模式"的主要特征之一，认为这是中国经济增长取得成功的重要因素。

我国原有的经济增长模式及第一个百年目标实现的内在经济机制为：

一是非均衡的经济增长战略。后发国家经济赶超的利器是通过政府动员资源并配置到高增长的现代化部门，实现经济增长的加速，典型的是运用政府动员体制，有效地将农业资源转移到工业部门。目前，中国是典型的高资源投入驱动的工业化，大干快上成为常态，在成为"世界工厂"的同时，工业现代化水平则不高。

二是要素快速积累。这种增长方式具有低成本、高投入特征。在中国经济由计划体制向市场体制的转轨过程中，要素市场化滞后于商品市场化，因而在相当长的时间内，土地、水、电等资源和资本、劳动力要素的价格具有政府干预因素，政府为激励企业加速完成原始积累，控制生产要素投入价格，使土地、劳动力、投资品保持较低的投入成本，如能源、水等长期低于国际均衡价格，环境、自然资源和劳动力社会保障等成本约束低，或者根本就没有；垄断金融资源，尽力动员、创造和低价供给，优先提供融资。

三是全球配置、"干中学"机制。通过对外开放进行全球配置，鼓励国际生产性资本的进口和商品的出口，最大限度地把国内低价的"无限劳动供给"和国际资本、广阔的海外市场结合起来，解决经济发展中的资金、资源和市场三大问题。市场化改革和国际化推进同步进行，在开放条件下，由于"干中学"效应和竞争性创新机制的获得，诱导和激活国内实物资本和人力资本形成，保证了技术的引进吸收和自我创新。

（二）技术创新增长模式与实现第二个百年目标

第二个百年目标实现的经济内在逻辑在于：在全面建成小康社会基础上，通用技术部门的发展受到了限制，如技术引进和技术模仿型的技术进步边际收益递减，以及消费需求的变化等，这些都制约着通用技术部门的发展。为了全面实行现代化，达到发达收入国家行列，超越"中等收入陷阱"，我国必须大力发展知识技术部门，进行技术创新，提高服务业发展，在此基础上，对我国制造业、农业等部门进行技术创新，从而在技术创新的基础上使各部门全面实现现代化（中国经济增长前沿课题组，2015）。在此基础上，实现"以人为中心"的后小康目标，积极发展"以人为中心"的广义人力资本服务体系，从而在技术创新的基础上使各部门全面实现现代化。

吉尔和卡拉斯（2007）认为，"中等收入陷阱"的产生，是由于中等收入国家未能完成一些重要转型，包括生产与就业多样化程度的先增后减、投资重要性的下降与创新重要性的提升等。对于发展中国家产业结构过度服务化及由此导致的低生产率和低增长陷阱问题，西莫利等（2006）、拉达（2007）等进行了较为详细的阐释。对于20世纪70年代以后发达国家普遍发生经济减速的问题，一些研究如埃森肯伯格等（2011）通过统计分析对减速拐点进行了确认。

我国要实现第二个百年目标，政府在经济增长中的角色需要重新定位。由于技术创新具有差异性和不确定性，政府进行大规模的资源动员不利于技术创新，以及可能会带来更大的风险。同时，技术创新需要我国微观企业的行为方式做出调整，由经营型的企业转向技术创新型企业。政府在市场的技术创新中将会发挥更大的作用，同时，对政府经济管理要求将会更高。中国经济增长前沿课题组（2015）认为，构建新的创新机制需要重新定位政府角色，弱化干预、强化协调，为了突破"中等收入陷阱"，给知识过程和知识部门成长创造环境，就需要弱化政府干预，强化政府在知识网络建设中的作用、疏通知识部门和知识过程的分工深化、创新外溢渠道。

参考文献

1. 曹飞：《中国人口城市化Logistic模型及其应用——基于结构突变的理论分析》，《西北人口》2012年第6期。
2. 李恩平：《城市化曲线的推导与应用：误解阐释与研究拓展》，《经济研究》，工作论文，2012年。
3. 刘霞辉：《论中国经济的长期增长》，《经济研究》2003年第5期。
4. 苏宜：《逻辑型文献增长曲线的拟合》，《情报理论与实践》1997年第5—8期。
5. 张平、张晓晶：《经济增长、结构调整的累积效应与资本形成——当前经济增长态势分析》，《经济研究》2003年第8期。

6. 王崇锋、张古鹏：《我国未来城市化发展水平预测研究》，《东岳论丛》2009年第6期。

7. 宋丽敏：《中国人口城市化水平预测分析》，《辽宁大学学报》（哲学社会科学版）2007年第3期。

8. 丁刚：《基于PDL模型的城市化水平预测方法研究》，《西北农林科技大学学报》（社会科学版）2010年第3期。

9. 王金营：《经济发展中人口城市化与经济增长相关分析比较研究》，《中国人口·资源与环境》2003年第5期。

10. 简新华、黄锟：《中国城镇化水平和速度的实证分析与前景预测》，《经济研究》2010年第3期。

11. 袁富华、张平、陈昌兵、刘霞辉执笔：《突破经济增长减速的新要素供给理论体制与政策选择》，《经济研究》2015年第11期。

12. Bocquier Philippe, 2005, "World Urbanization Prospects: An Alternative to the UN Model of Projection Compatible with the Mobility Transition Theory", *Demographic Research*, Vol. 12, Article 9, pp. 197–236.

13. Henderson, J. Vernon, 2005, "Urbanization and Growth", in *Handbook of Economic Growth* Vol. 1b, ed. by Philippe Aghion and Steven N. Durlauf, Amsterdam: Elserier.

14. Lall, Somik, Harris Selod and Zmarak Shalizi, 2006, "Rural - Urban Migration in Developing Countries: A Sur-

vey of Theoretical Predictions and Empirical Findings", *World Bank Policy Research Working Paper* No. 3915, Washington D. C. : World Bank.

15. Northam, R. M. , *Urban Geography* [M], New York: John Wiley & Sons, 1975: 8.

第三章 劳动力、人力资本与产业结构现代化

人口包括人口总量和人口结构。人口总量，尤其是劳动力的供给和人口质量上的变化应与经济结构变化相一致。以劳动力数量型投入的增长方式，因为劳动力大量投入是不可持续的，这就需要转变经济增长方式；以人力资本积累作为经济增长的投入，而人力资本的积累对经济增长的作用是有局限的。这就是罗默（Romer，1990）技术创新模型对卢卡斯（Lucas，1988）的人力资本积累的增长模型的修正。只有将人力资本的积累转化为技术创新的增长方式，这样的经济增长方式才是可持续的。

我国人口结构变化对我国经济的影响正在逐步显性化，近年来，劳动年龄人口数量和人口质量的"双变"已经对产业结构升级转型形成倒逼之势。这将对我国经济增长方式产生影响。劳动力是我国原有的以要素投入为主的增长方式动力，但是，这样的增长方式是不可持续的。这是因为，我国人口不可能保持长期增长，难以维持劳动力供给的不断增长。当人口增长难以维持经济增长时，可将劳动

力由原有的数量型转变为质量型、提高型的增长方式,也就是将提高人力资本的积累,提高人力资本的效率就需要技术创新,提高我国产业升级,保持我国经济可持续增长。

人力资本的积累受到生理等方面的限制,尤其是学校教育是一个限制,人力资本积累不可能无限地发展,为了更好地发挥人力资本积累的可持续增长,只有将人力资本进行技术创新,才是我国可持续增长的必由之路,从而实现我国经济增长方式的转型升级,实现产业结构现代化,保持我国经济可持续增长。

一　有关增长理论综述

现代经济增长理论,就是不断探索劳动力稀缺性及更好地发挥劳动力在经济增长中的作用。增长理论的发展,正是沿着劳动力、人力资本和技术创新的方向,不断增强劳动力在生产中发挥效率的模型化过程。

(一) 劳动生产型生产

劳动生产型函数设定为:

$$Y = AL \qquad (3.1)$$

式中,Y 为产出,A 为技术进步,L 为劳动投入。

式(3.1)为劳动型生产函数,其经济含义在于:劳动力使用工具进行生产劳动。劳动力发挥作用的大小取决于技术进步水平 A。生产函数(3.1)反映的生产方式主要是农业生产，隐含着大量的土地，土地并不是农业生产的约束条件。

由式（3.1）得到如下增长率为：

$$g_Y = \dot{A}/A + \dot{L}/L \tag{3.2}$$

由式（3.2）可知，经济的增长是由外生的技术进步率（$\dot{A}/A$）和劳动力增长率（$\dot{L}/L$）决定的。如技术进步并不显著的阶段，其技术进步率$\dot{A}/A$是很小的，此阶段经济增长的动力主要来自劳动力的增长。

（二）劳动力富裕型生产

劳动力富裕型生产函数设定为：

$$Y = AK \tag{3.3}$$

式中，Y为产出，A为技术进步，K为资本存量。

式（3.3）的经济含义为：一是技术进步A是外生的，技术进步的途径可能为："干中学"的、外资引进的或其他形式，并没有专门的技术创新部门；二是经济体中存在大量的劳动力，此时经济增长约束条件为资本，并不是劳动力；三是劳动利用资本进行生产，这样，劳动力利用资本的产出效率比劳动力直接进行生产的产出效率要大。

由式（3.3）可得到如下经济增长率：

$$g_Y = \dot{A}/A + \dot{K}/K \tag{3.4}$$

由式（3.4）可知，此阶段的经济增长主要是由外生的技术进步增长率和资本存量增长率（$\dot{K}/K$）所决定的，外生的技术进步内含于资本中，这样，此阶段的经济增长动力是资本的增长，也就是资本的投资。

(三) 劳动力稀缺型生产

劳动力稀缺型生产函数设定为：

$$Y = AL^{\alpha}K^{\beta} \tag{3.5}$$

式中，Y 为产出，A 为技术进步，K 为资本存量，L 为劳动力。

式（3.5）的内在经济含义为：一是技术进步 A 是外生的，技术进步的途径为："干中学"的、技术引进或其他形式，经济体中并没有专门的技术创新部门；二是资本和劳动力均制约着经济增长，由于劳动力增长慢于资本积累的增长，所以，人均拥有的资本存量增大；三是劳动力利用越来越多的生产工具，从而使劳动生产率提高得更快，劳动复杂化程度进一步加深。

由式（3.5）可得到如下经济增长率：

$$g_Y = \dot{A}/A + \alpha \dot{L}/L + \beta \dot{K}/K \tag{3.6}$$

由式（3.6）可知，此阶段的经济增长主要是由外生的技术进步增长、劳动力增长和资本存量增长所决定的，外生的技术进步内含于资本和劳动力"中干学"，这样，此阶段的经济增长动力是投资和劳动力。为了发挥劳动力效率，劳动者使用资本，扩大了劳动技能，从而达到发挥稀缺的劳动力资源在产出中的作用。

（四）劳动扩展型生产

卢卡斯（1988）提出的问题是：为什么一些国家在经济发展的一定阶段能出现类似于英国工业革命的经济高速增长期，使其经济在短期内出现超越，而有些国家却长期停滞；是不是每个国家都会出现超越，如果不是，那超越出现的条件和因素是什么。卢卡斯（1988）通过一个两部门增长模型的拓展分析，研究不发达经济体如何实现经济赶超，并用带有学习过程的人力资本模型来解释增长差异。人力资本积累和学习效应是促使经济增长转换的关键，人力资本积累并非自然实现，它与人口变动相关联。为了更好地分析劳动力在产出中的作用，卢卡斯（1988）专门分析了人力资本进行积累的部门，其实质就是增强劳动力在产出中发挥更大的作用。

卢卡斯（1988）模型采用如下劳动扩展型生产函数：

$$Y = AK(t)^{\beta}[u(t)h(t)L(t)]^{1-\beta}h_a(t)^{\gamma} \qquad (3.7)$$

人力资本及学习的生产函数的线性形式为：

$$\dot{h}(t) = h(t)\delta[1 - u(t)] \qquad (3.8)$$

卢卡斯（1988）模型分析的经济系统是封闭的，人口以外生不变的速度增长，代表性家庭经济行为：

$$\max_{c(t),u(t)} \int_0^{\infty} e^{-\rho t} \cdot \left[\frac{c^{1-\sigma} - 1}{1 - \sigma}\right] \cdot L(t) \, \mathrm{d}t \qquad (3.9)$$

s. t. $\dot{K}(t) = AK(t)^{\beta}[u(t)h(t)L(t)]^{1-\beta}h_a(t)^{\gamma} - cL(t)$

$\dot{h}(t) = h(t)\delta[1 - u(t)]$

在上述设定下，政府计划者在人力资本积累和直接生产上配置时间以达到最优经济增长。利用最优化方法，可得到稳定均衡状态下人均消费和人均资本增长率：

$$g_K = g_c = \frac{(1 - \beta + \gamma)(\delta - \rho + \lambda)}{\sigma - \sigma\beta + \sigma\gamma - \gamma} \qquad (3.10)$$

由卢卡斯（1988）模型可得到，人力资本积累作为持续经济增长动力,不需要外生的技术进步也可得到持续的经济增长,突破了原有的增长模型依靠外生的技术进步才能维持可持续增长的限制。但同时,为了得到可持续的增长,设定了一个人力资本积累的增长方程,这就是为了得到增长而设定增长。

卢卡斯(1988)模型必须从以下四个方面进行完善:一是人力资本的积累并不是无限的,尤其是学校教育,中国现在教育年限为10年(初中)左右,而后是12年左右,再就是大学教育水平,如再继续提高学校教育年限的可能性并不大。二是总量生产函数生产的产品是同质的,但人们的需求并不是无限的。人们的需求是多样化的,由供给和需求决定的均衡产出并不能保证其总量生产函数为人力资本的规模报酬不变,应是递减的,也就是人力资本积累并不可能保证总产出是可持续的。三是人力资本积累的补偿问题,这是人力资本可持续积累的关键所在。人力资本得不到报酬,人力资本的积累难以为继。卢卡斯(1988)模型中的人力资本积累模型并没有涉及人力资本积累的报酬,如人力资本报酬得不到很好的处理,卢卡斯(1988)人力资本积累模型存在的合理性将会受到质疑。四是劳动更为复杂化,经济体中出现了专门进行人力资本积累的部门,对劳动者进行自身教育。

(五)劳动创新型生产

劳动创新型生产,也可看作为劳动分工与协作生产,也就是资本共享型劳动的生产方式,同时也是非竞争型的资源运用。针对卢卡斯（1988）模型中的人力资本积累作为经济增长的动力，罗默（1990）模型解决了如下问题：一是资本的深化在于技术创新。罗默（1990）模型设定了技术创新函数，资本的积累在于不断地创新出技术中间品。技术创新是人们有意识的经济活动，就是为了获取技术创新利润。二是完善了人力资本报酬机制。卢卡斯（1988）模型缺失了人力资本积累的报酬机制，没有合理的人力资本补偿机制，人力资本积累难以为继。罗默（1990）模型具有较为完善的技术创新补偿机制，技术创新获取的垄断利润以补偿技术创新中的投入。三是技术创新具有非竞争性，除投入创新成本以外，其他人无须投入成本就可使用。这实质上是对现实技术创新的抽象，技术创新是由一个复杂的经济系统所组成的。正如技术创新模型描述的那样，世界上大多数国家进行技术创新，而现实中，真正进行技术创新的国家（或地区）是非常少的。

罗默（1990）模型是由最终产品生产、中间品生产和中间品创新三个部门组成的。中间品创新部门从事新产品设计，以专利形式出售给中间品生产者，补偿从事技术创新投入成本；中间品生产市场是垄断的，获取垄断租金以支付购买中间品创新部门专利费用。同样，该模型并不考虑中间品的差异性，中间品是同质性的。人力资本可自由选择在最终品生产和创新产品创新部门就业，且人力资本和劳动者数目是不变的。

罗默（1990）设定了以下最终产品生产函数：

$$Y(H_Y, L, x) = H_Y^\alpha L^\beta \int_0^A x_i^{1-\alpha-\beta} \mathrm{d}i \qquad (3.11)$$

式中，L 为用于最终产品生产的劳动量，H_Y 为投入最终产品生产的人力资本，A 为创新的新产品数，x_i 为第 i 种中间品的投入量。

式（3.11）实质上就是共享经济的表现，劳动力共享技术创新中间品，技术创新程度越大，劳动力共享的程度就会越大，这就出现了式（3.11）表示的具有规模报酬的经济，创新的技术具有非竞争性的，劳动的分工加深，呈现了更为节约劳动的技术创新机制。

技术创新产品的生产函数为[①]：

$$\dot{A} = \delta A H_A \qquad (3.12)$$

式中，H_A 为投入到技术创新的人力资本。

人力资本 H_Y 和 H_A 之和 H 为：

$$H_Y + H_A = H \qquad (3.13)$$

由微观企业市场决定的均衡机制可得到以下经济增长率：

$$g_M = \delta H - \frac{\alpha r}{(1-\alpha-\beta)(\alpha+\beta)} \qquad (3.14)$$

经济体中均衡增长状态下，总产出增长率、资本存量增长率、总的消费增长率和技术创新增长率均相等：

$$g_M = \dot{Y}/Y = \dot{K}/K = \dot{C}/C = \dot{A}/A \qquad (3.15)$$

在社会计划决定的动态均衡增长状态下，总产出增长

[①] 该生产函数具有二阶齐次函数，具有很强的规模报酬递增效应，并且研究活动存在溢出效应。

率、资本存量增长率、总消费增长率和技术创新增长率均相等，可得到以下经济增长率：

$$g_P = \delta\left[H - \frac{\beta\rho + \beta\delta(\sigma-1)H}{\alpha\delta + \beta\sigma\delta}\right]$$

$$= \frac{\delta(\alpha+\beta)H - \beta\rho}{\alpha + \beta\sigma} \tag{3.16}$$

由上述微观企业市场决定机制和社会计划决定机制得到的动态均衡增长并不相同，其影响机制也不相同。但其经济增长的动力不是卢卡斯（1988）模型中的人力资本增长，而是人力资本所进行的技术创新。

由上述增长模型综述可得到，在劳动力不断增长的情形下，经济增长主要依靠劳动力增长；如劳动力变得稀缺，经济体中为了节约劳动力，更好地发挥劳动力的作用，资本替代劳动力在经济中发挥作用；为了更好地发挥劳动力的作用，不断提高劳动力质量，也就是人力资本积累；为了得到可持续的增长机制，将积累的人力资本进行创新，从而得到一个可持续增长机制。

增长理论首先将人力资本增长作为增长的动力，但人力资本积累不可持续增长，难以维持经济增长的动力；为了保持经济增长可持续，将积累的人力资本不断地进行技术创新，从而保持一个可持续的技术创新作为可持续增长的动力，这就是现代经济增长的核心。

由上述理论逻辑可得到，当劳动力能够保持不断增长时，可将劳动力作为增长的动力，保持可持续增长；当劳动力不可持续增长时，增长机制须做出恰当的调整，由劳动力数量增长型转型到劳动力的质量型，也就是人力资本积累；积累的人力资本对生产将会产生较大的影响，尤其积累的人力资本进行技术创新，由同质性生产转向差异性生产，从而有利于经济结构转型升级和产业结构现代化。

按照上述劳动力在经济发展中的逻辑关系，研究劳动力供给的变化及人力资本的积累对我国产业结构转型升级和产业结构现代化的变化进行分析，以期构建我国经济可持续增长机制。

二　人口及其结构演变

为了研究我国劳动力的供给状况，我们分别从抚养比、人口结构等角度研究我国劳动力供给；利用现有的人口数据，测算未来我国劳动力供给状况等研究我国人口的演变。

（一）有关抚养比

少年儿童抚养比，也称少年儿童抚养系数，是指某地人口中少年儿童人口数与劳动年龄人口数之比，通常用百分比表示。其含义表明每百名劳动年龄人口要负担多少名少年儿童。CDR表示少年儿童抚养比，P_{0-14}为0—14岁少年儿童人口数，P_{15-64}为15—64岁劳动年龄人口数，则少年儿童抚养比计算公式为：

$$CDR = 100 \times \frac{P_{0-14}}{P_{15-64}} \tag{3.17}$$

老年人口抚养比,也称老年人口抚养系数,是指某地人口中老年人口数与劳动年龄人口数之比,通常用百分比表示。其含义表明每百名劳动年龄人口要负担多少名老年人,老年人口抚养比是从经济角度反映人口老龄化社会后果的指标之一。用 ODR 表示老年人口抚养比,P_{65}^+ 为 65 岁及 65 岁以上的老年人口数,则老年人口抚养比计算公式为:

$$ODR = 100 \times \frac{P_{65}^+}{P_{15-64}} \quad\quad (3.18)$$

总抚养比也称总负担系数,是指人口总体中非劳动年龄人口数与劳动年龄人口数之比,通常用百分比表示。其含义表明每百名劳动年龄人口大致要负担多少名非劳动年龄人口,用 GDR 表示总抚养比。该指标从人口角度反映了人口与经济发展之间的关系。总抚养比的计算公式为:

$$GDR = 100 \times \frac{P_{0-14} + P_{65}^+}{P_{15-64}} \quad\quad (3.19)$$

(二) 我国人口及结构

1. 人口总量及增长率

我国总人口由 1960 年的 6.67 亿增加到 2016 年的 13.79 亿,在这 56 年间,增加了 7.12 亿人,年均增长率为 1.30%[①](见表 3-1)。1960—2016 年,我国总人口增长沿着一条直线变化。其中,1960—1970 年,我国人口增长在

---

① 年均增长率为 x,则有 $6.6707 \times (1+x)^{56} = 13.7867$,由该式可得到 $x = 0.013048$。

表 3-1　1960—2016 年我国人口总量、结构及就业人数

年份	总人口（亿）	人口增长率（%）	0—14 岁人口占总人口比重（%）	15—64 岁人口占总人口比重（%）	65 岁及以上人口占总人口比重（%）	年末从业人员数（万人）	从业人员数占总人口比重（%）
1960	6.6707	—	39.9553	56.3946	3.6502	25880	38.80
1961	6.6033	-1.0104	40.0142	56.3168	3.669	25590	38.75
1962	6.6577	0.8238	40.4098	55.9618	3.6284	25910	38.92
1963	6.8233	2.4873	40.9163	55.5351	3.5486	26640	39.04
1964	6.9836	2.3493	41.2424	55.3025	3.4551	27736	39.72
1965	7.1518	2.4085	41.2965	55.3461	3.3575	28670	40.09
1966	7.3540	2.8273	41.5005	55.0766	3.423	29805	40.53
1967	7.5455	2.6040	41.377	55.1297	3.4933	30814	40.84
1968	7.7451	2.6453	41.0808	55.358	3.5612	31915	41.21
1969	7.9603	2.7785	40.8207	55.5617	3.6176	33225	41.74
1970	8.1831	2.7989	40.6741	55.6643	3.6616	34432	42.08
1971	8.4110	2.7850	40.7124	55.5563	3.7312	35620	42.35
1972	8.6203	2.4884	40.7043	55.4975	3.7982	35854	41.59
1973	8.8194	2.3097	40.647	55.4912	3.8618	36652	41.56
1974	9.0035	2.0874	40.4785	55.5974	3.9241	37369	41.50
1975	9.1639	1.7815	40.148	55.8646	3.9874	38168	41.65
1976	9.3069	1.5605	39.585	56.3262	4.0888	38834	41.73
1977	9.4345	1.3710	38.9066	56.9055	4.1879	39377	41.74
1978	9.5617	1.3482	38.1034	57.6091	4.2875	40152	41.99
1979	9.6900	1.3418	37.1894	58.4214	4.3892	41024	42.34
1980	9.8124	1.2632	36.1961	59.3108	4.4931	42361	43.17
1981	9.9389	1.2892	35.0327	60.3382	4.629	43725	43.99
1982	10.0863	1.4831	33.9184	61.3259	4.7556	45295	44.91
1983	10.2331	1.4554	32.8451	62.2831	4.8719	46436	45.38
1984	10.3683	1.3212	31.8341	63.1923	4.9736	48197	46.48
1985	10.5104	1.3705	30.9315	64.0104	5.0581	49873	47.45
1986	10.6679	1.4985	30.3271	64.5424	5.1306	51282	48.07
1987	10.8404	1.6170	29.8404	64.9759	5.1837	52783	48.69

续表

年份	总人口（亿）	人口增长率（%）	0—14岁人口占总人口比重（%）	15—64岁人口占总人口比重（%）	65岁及以上人口占总人口比重（%）	年末从业人员数（万人）	从业人员数占总人口比重（%）
1988	11.0163	1.6226	29.4646	65.3083	5.2271	54334	49.32
1989	11.1865	1.5450	29.1496	65.5742	5.2762	55329	49.46
1990	11.3519	1.4786	28.842	65.816	5.342	64749	57.04
1991	11.5078	1.3733	28.868	65.7222	5.4098	65491	56.91
1992	11.6497	1.2331	28.6603	65.8367	5.5029	66152	56.78
1993	11.7844	1.1563	28.3385	66.0481	5.6134	66808	56.69
1994	11.9184	1.1371	28.0415	66.2279	5.7306	67455	56.60
1995	12.0486	1.0924	27.8063	66.343	5.8507	68065	56.49
1996	12.1755	1.0532	27.1883	66.788	6.0237	68950	56.63
1997	12.3008	1.0291	26.767	67.049	6.184	69820	56.76
1998	12.4194	0.9642	26.3876	67.2748	6.3376	70637	56.88
1999	12.5274	0.8696	25.8441	67.6634	6.4925	71394	56.99
2000	12.6265	0.7911	25.0651	68.2841	6.6507	72085	57.09
2001	12.7185	0.7286	24.204	68.9662	6.8298	72797	57.24
2002	12.8040	0.6722	23.197	69.7974	7.0055	73280	57.23
2003	12.8840	0.6248	22.0996	70.7229	7.1775	73736	57.23
2004	12.9608	0.5961	21.0372	71.6225	7.3403	74264	57.30
2005	13.0372	0.5895	20.0891	72.4186	7.4923	74647	57.26
2006	13.1102	0.5599	19.4015	72.9661	7.6324	74978	57.19
2007	13.1789	0.5240	18.7432	73.4863	7.7705	75321	57.15
2008	13.2465	0.5129	18.1693	73.9176	7.9131	75564	57.04
2009	13.3126	0.4990	17.7231	74.208	8.069	75828	56.96
2010	13.3771	0.4845	17.4149	74.3391	8.246	76105	56.89
2011	13.4413	0.4799	17.2004	74.3531	8.4464	76420	56.85
2012	13.5070	0.4888	17.1273	74.2185	8.6542	76704	56.79
2013	13.5738	0.4946	17.1543	73.9564	8.8893	76977	56.71
2014	13.6427	0.5076	17.2048	73.6125	9.1827	77253	56.63
2015	13.7122	0.5094	17.2316	73.2172	9.5512	77451	56.48

续表

年份	总人口（亿）	人口增长率（%）	0—14岁人口占总人口比重（%）	15—64岁人口占总人口比重（%）	65岁及以上人口占总人口比重（%）	年末从业人员数（万人）	从业人员数占总人口比重（%）
2016	13.7867	0.5433	17.2732	72.72384	10.0029	77603	56.29

资料来源：表中的数据由 Wind 计算得到。

直线下方，这表明在此期间我国人口增长低于平均增长率；1982—2004 年，我国人口增长在直线上方，这表明在此期间我国人口增长高于平均增长率；2005—2016 年，我国人口增长在直线下方，这表明在此期间我国人口增长低于平均增长率。由此可知，我国总人口增长的变化围绕着平均增长率上下波动（见图 3-1）。

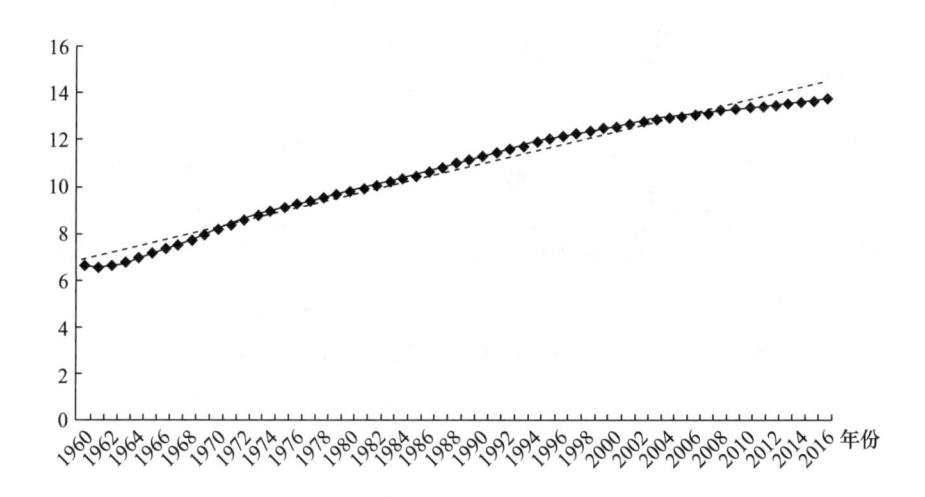

图 3-1 1960—2016 年我国总人口变化

注：图中的虚线为我国总的人口变化线的一次趋势线。

1960—2016 年，我国总人口增长率是不断下降的（见图 3-2），除 1961 年我国总人口增长率为 -1.01% 以外，其他年份我国人口增长率均大于 0。1966 年，我国人口增长率达到最大值 2.83%，其后的 1971 年，我国人口增长率不断下降到 1981 年的 1.29%。1981 年以后，我国人口增长率有所提高，1988 年我国人口增长率达到了 1.62%。1988 年以后，我国人口增长率不断下降，直至 2014—2016 年我国人口增长率有所提高。

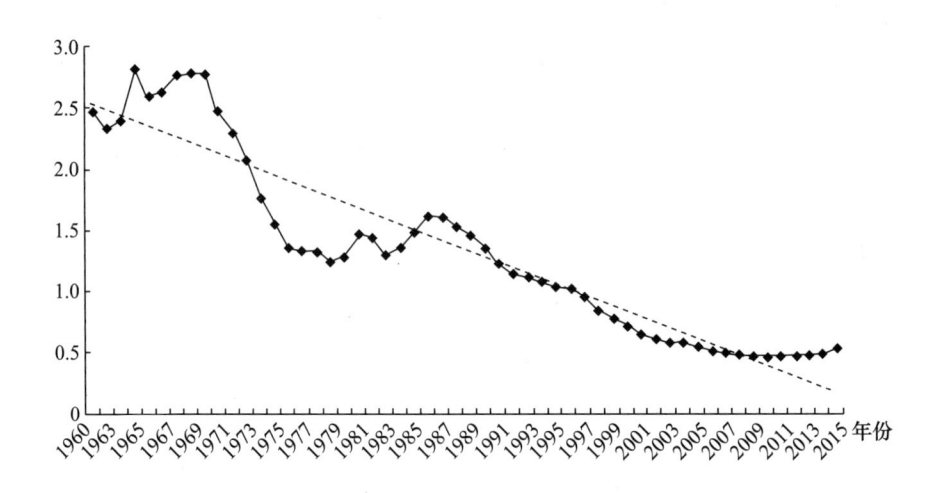

图 3-2　1960—2016 年我国总人口增长率

注：图中的虚线为我国总人口增长率的一次趋势线。

1960—2016 年我国人口结构变化情况如图 3-3 所示。

2. 人口结构及抚养比

我国 15—59 岁劳动年龄人口在 2014 年达到峰值 10.04

亿，2015 年劳动年龄人口比 2014 年减少 30.44 万，这是我国劳动年龄人口首次下降。从 2014 年开始，我国劳动年龄人口逐年下降，2015 年减少 30.44 万，2016 年减少 135 万。这两年来我国劳动年龄人口总共下降了 165.44 万，这不是一个小数目。

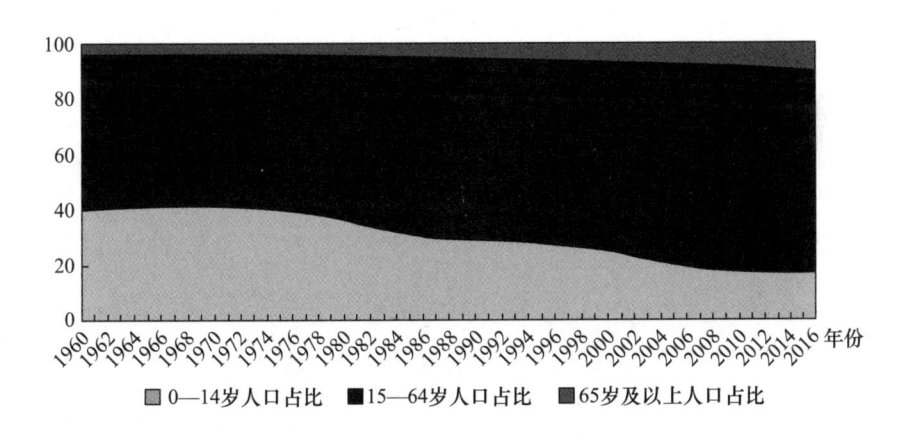

图 3-3　1960—2016 年我国人口结构变化

我国劳动年龄人口下降是中国经济发展过程中不得不面对的现实。2016 年，我国劳动年龄人口下降至 10.03 亿，以后还会持续下降，而且到 2030 年以后，我国劳动年龄人口将会出现一个大幅度下降的过程。据人力资源和社会保障部预测，到 2050 年，我国劳动年龄人口将由 2030 年的 8.3 亿降到 7 亿左右。

我国劳动力供给下降带来了劳动成本的迅速上涨。近年来，我国全行业薪酬增长率平均增速保持在 9% 左右，2011 年，全行业薪酬增长率为 11.3%，2012 年为 10.5%，

2013年为9.7%,2014年为7.0%,2015年为7.4%,2016年为8%。不少外资企业近年来撤离中国转向东南亚国家,与国内劳动力成本的快速上升有直接的关系。劳动力供给的减少引发了人力资源流动频率与规模的增大。劳动力密集型企业离职率2011年为35.5%,2012年为37.2%,2013年为36.2%,甚至有企业反映,员工的离职率达到了50%。我国劳动力供给的下降带来的劳动成本上升对我国企业发展形成严重的挑战。

总抚养比是指少年儿童抚养比与老年人口抚养比之和,总扶养比就是指15岁以下和64岁以上人口与劳动人口之比,人口抚养比越高意味着人口结构劳动力越是不够,人口抚养比很低的话意味着劳动年龄人口比大,人口结构比较有优势。由表3-2可知,我国总抚养由1960年的77.32%下降到2016年的37.51%。在这56年间,我国总抚养下降了39.81个百分点。

表3-2　　　1960—2016年我国三种抚养比情况　　　单位:%

年份	少年儿童抚养比	老年人口抚养比	总抚养
1960	70.85	6.47	77.32
1961	71.05	6.51	77.57
1962	72.21	6.48	78.69
1963	73.68	6.39	80.07
1964	74.58	6.25	80.82
1965	74.62	6.07	80.68
1966	75.35	6.21	81.57
1967	75.05	6.34	81.39

续表

年份	少年儿童抚养比	老年人口抚养比	总抚养
1968	74.21	6.43	80.64
1969	73.47	6.51	79.98
1970	73.07	6.58	79.65
1971	73.28	6.72	80.00
1972	73.34	6.84	80.19
1973	73.25	6.96	80.21
1974	72.81	7.06	79.86
1975	71.87	7.14	79.00
1976	70.28	7.26	77.54
1977	68.37	7.36	75.73
1978	66.14	7.44	73.58
1979	63.66	7.51	71.17
1980	61.03	7.58	68.60
1981	58.06	7.67	65.73
1982	55.31	7.75	63.06
1983	52.74	7.82	60.56
1984	50.38	7.87	58.25
1985	48.32	7.90	56.22
1986	46.99	7.95	54.94
1987	45.93	7.98	53.90
1988	45.12	8.00	53.12
1989	44.45	8.05	52.50
1990	43.82	8.12	51.94
1991	43.92	8.23	52.16
1992	43.53	8.36	51.89
1993	42.91	8.50	51.40

续表

年份	少年儿童抚养比	老年人口抚养比	总抚养
1994	42.34	8.65	50.99
1995	41.91	8.82	50.73
1996	40.71	9.02	49.73
1997	39.92	9.22	49.14
1998	39.22	9.42	48.64
1999	38.20	9.60	47.79
2000	36.71	9.74	46.45
2001	35.10	9.90	45.00
2002	33.23	10.04	43.27
2003	31.25	10.15	41.40
2004	29.37	10.25	39.62
2005	27.74	10.35	38.09
2006	26.59	10.46	37.05
2007	25.51	10.57	36.08
2008	24.58	10.71	35.29
2009	23.88	10.87	34.76
2010	23.43	11.09	34.52
2011	23.13	11.36	34.49
2012	23.08	11.66	34.74
2013	23.20	12.02	35.21
2014	23.37	12.47	35.85
2015	23.53	13.05	36.58
2016	23.75	13.75	37.51

资料来源：数据来自 WDI。

由经验研究表明，总人口抚养比每下降 1 个百分点，人均 GDP 增长率就增加 0.115 个百分点。我国经济增长得益于人口抚养比的下降。改革开放以来，我国人均 GDP 增长中，人口抚养比下降做出的贡献占 26.8%，25% 的经济增长的贡献来自人口红利。

总抚养比每下降 1 个百分点，人均 GDP 增长率就提高 0.115 个百分点；人口抚养比每上升 1 个百分点，人均 GDP 增长率就下降 0.115 个百分点。由图 3-4 可知，我国总抚养比一直在下降，下降的总抚养比就一定会带来人口红利，每下降 1 个百分点，就能提高 0.115 个百分点的人均 GDP 增长率。我国的总抚养比在 2011 年降到最低，2011 年以后，我国人口总抚养比处于上升阶段；同理，总抚养比每上升 1 个百分点，就导致人均 GDP 下降 0.115 个百分点，人口结构劳动力市场供求变化影响我国经济增长，过去我国增长中 26.8% 来自人口红利。

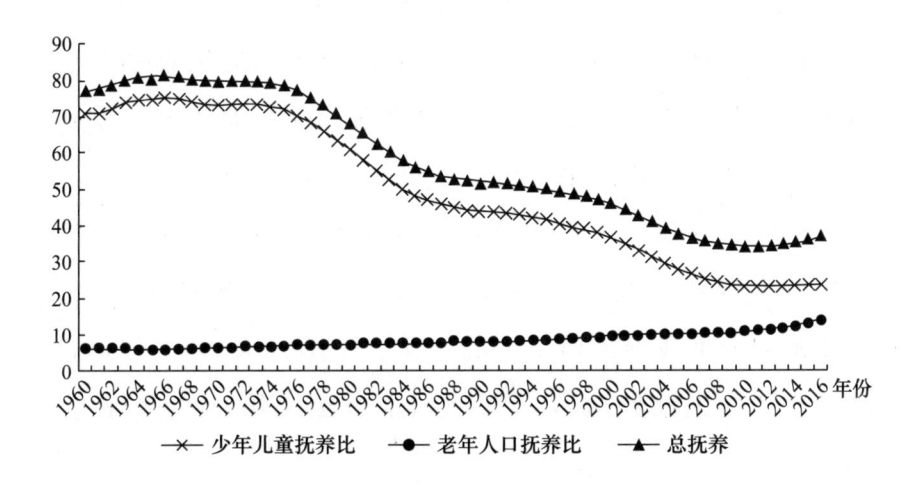

图 3-4　1960—2016 年我国三种抚养比的变化

3. 劳动力增长及其变化

由表 3-1 可知，我国劳动力的从业人员由 1960 年的 2.59 亿人增长至 2016 年的 7.76 亿人，这 56 年间增加了 5.17 亿人，年均增长率为 1.98%[①]，其值大于同期我国的总人口增长率。

我国劳动力是一种稀缺资源，从 2004 年起，我国从业人员占总人口比重开始下降，由 2004 年的 57.30% 开始不断下降。由表 3-1 中可知，我国从业人口的数据表明，虽然从业人员占总人口比重开始下降，但我国从业人口绝对数并没有下降。

（三）未来我国人口总量及结构

1. 未来我国总人口

孟令国等（2014）针对我国不同的人口政策，采用如下三种情形分析研究我国总人口变化：

一是低方案。低方案是假设在 2050 年之前，我国继续维持目前计划生育政策不变，假定整个区间的生育率与第六次人口普查生育率经调整后的数据相同。如按该方案预测的人口结构，我国很可能是严重的人口老龄化。

二是中方案。中方案是假定在未来我国将会对计划生育政策进行适度调整的情况下，设置一个合理的生育率，以此预测未来我国人口结构的变化。全国人大 2001 年通过的《中华人民共和国人口与计划生育法》第十八条规定：

---

① 年均增长率为 x，则有 $2.5880 \times (1+x)^{56} = 7.7603$，由该式可得到 $x = 0.019803$。

"国家稳定现行生育政策,鼓励公民晚婚晚育,提倡一对夫妻生育一个子女;符合法律、法规规定条件的,可以要求安排生育第二个子女。具体办法由省、自治区、直辖市人民代表大会或者其常务委员会规定。"政策的细则提出,要在全国范围内实施第二胎生育政策。

三是高方案。高方案假定我国未来会实行宽松的计划生育政策,在2015年前能在全国范围内实行第二胎生育政策;在2020年前后由于人口老龄化问题更加突出,政府会实行较第二胎生育政策更宽松的政策。对于生育率的设定,高方案认为2015年前,生育率维持现有水平不变;2015—2020年,生育率等于实行第二胎政策的生育率;2020年以后,生育率是以2015—2020年的生育率为基础调整后的生育率。

针对三种政策,孟令国等(2014)分别测算出2010—2050年我国总人口量(见表3-3和图3-5)。由低生育方案推演的结果表明,我国人口总量将在2023年达到人口高峰,为13.736亿,之后加速下降,在2050年将减少至12.057亿。由中生育方案推算表明,我国人口总量将在2034年达到人口高峰,为14.216亿,之后将缓慢下降,在2050年将减少至13.63亿。由高生育方案推算表明,我国人口总量在2050年前一直处于缓慢上升之中,2050年将达到15.22亿。

2. 未来人口结构及抚养比

由孟令国等(2014)推算的低方案、中方案、高方案三个不同方案的我国总人口量,还可得出2015—2050年在

表 3-3　　　未来我国总人口趋势预测（2010—2050）　　　单位：亿

年份	低方案	中方案	高方案	年份	低方案	中方案	高方案
2010	13.328	13.328	13.328	2031	13.607	14.196	14.876
2011	13.384	13.384	13.384	2032	13.571	14.209	14.918
2012	13.436	13.436	13.436	2033	13.53	14.216	14.953
2013	13.484	13.484	13.484	2034	13.482	14.216	14.981
2014	13.528	13.528	13.528	2035	13.428	14.21	15.003
2015	13.569	13.569	13.569	2036	13.375	14.203	15.025
2016	13.606	13.606	13.679	2037	13.316	14.19	15.046
2017	13.638	13.638	13.782	2038	13.25	14.171	15.064
2018	13.663	13.663	13.876	2039	13.178	14.144	15.079
2019	13.681	13.681	13.961	2040	13.099	14.11	15.092
2020	13.693	13.693	14.036	2041	13.019	14.074	15.107
2021	13.714	13.775	14.153	2042	12.934	14.036	15.124
2022	13.729	13.849	14.261	2043	12.843	13.995	15.14
2023	13.736	13.913	14.357	2044	12.744	13.949	15.154
2024	13.735	13.967	14.443	2045	12.64	13.9	15.168
2025	13.727	14.012	14.519	2046	12.534	13.852	15.186
2026	13.721	14.058	14.595	2047	12.424	13.801	15.2
2027	13.709	14.097	14.664	2048	12.308	13.748	15.211
2028	13.691	14.13	14.725	2049	12.185	13.69	15.218
2029	13.666	14.156	14.78	2050	12.057	13.63	15.221
2030	13.637	14.176	14.829				

图 3-5　未来我国总人口趋势预测（2010—2050 年）

资料来源：图中的数据均来自孟令国等（2014）。

不同方案下的我国人口结构。由低生育方案的推算表明，2050年，我国0—14岁少年儿童比重将降到10%以下，65岁及以上老龄人口比重将超过33%，人口结构呈严重老龄化（见表3-4）。由中生育方案推算表明，2015—2050年，我国0—14岁的少年儿童比重保持在14%—15%波动，65岁及以上老龄人比重将逐渐上升到29%左右，人口老龄化状况比较严重，但较低生育方案有了明显改善（见表3-5）。由高生育方案的推算表明，2015—2050年，我国0—14岁的少年儿童比重将由15.56%逐渐上升至17.91%的水平，65岁及以上老龄人比重将逐渐上升到26.19%（见表3-6），人口结构较中生育方案有了明显改善。

表3-4　　　低方案我国的人口结构（2015—2050年）　　　单位：%

年份	0—14岁	15—64岁	65岁及以上
2015	15.56	73.59	10.85
2020	14.75	71.58	13.67
2025	13.13	70.73	16.15
2030	11.91	68.01	20.07
2035	10.77	64.38	24.85
2040	10.09	61.14	28.77
2045	9.70	59.40	30.90
2050	9.36	57.58	33.06

在低生育方案中，由我国2030年人口结构金字塔可知，2030年我国人口金字塔呈"中"字形状更加明显，说

明我国新生人口数量进一步降低,人口老龄化趋势更加明显了;由 2050 年的人口结构金字塔可知,人口金字塔呈倒三角形形态,说明我国新出生人口比重较 2030 年进一步降低,人口结构呈严重老龄化状态。

表 3-5　中方案我国的人口结构(2015—2050 年)　　单位:%

年份	0—14 岁	15—64 岁	65 岁及以上
2015	15.56	73.59	10.85
2020	14.75	71.58	13.67
2025	14.89	69.29	15.82
2030	15.27	65.43	19.31
2035	15.68	60.84	23.48
2040	14.52	58.77	26.71
2045	14.03	57.87	28.1
2050	14.11	56.64	29.25

表 3-6　高方案我国的人口结构(2015—2050 年)　　单位:%

年份	0—14 岁	15—64 岁	65 岁及以上
2015	15.56	73.59	10.85
2020	16.83	69.83	13.34
2025	17.86	66.87	15.27
2030	18.99	62.55	18.46
2035	17.87	59.89	22.24
2040	16.75	58.28	24.97
2045	16.94	57.31	25.75
2050	17.91	55.89	26.19

在中生育方案中,由 2030 年人口结构金字塔可知,2030 年,我国人口结构中 0—14 岁人口比重较低生育方案

提高了 3.36 个百分点，这是生育率变化所致。由 2050 年的人口结构金字塔可知，60—64 岁年龄段的人口比重大于其他年龄段的比重。若剔除这一年龄段，人口结构显得更加年轻，符合中度老龄化人口结构特征，这说明生育率变化已经逐渐改善我国人口结构老龄化趋势。

在高生育方案中，由 2030 年我国人口结构金字塔可知，2030 年，我国人口金字塔呈底部 0—14 岁人口比重较低生育方案有了很大提高，39 岁以上年龄段的人口比重也比较大，15—34 岁年龄段人口比重较小，呈"两头大、中间小"形态。这说明生育率变化带来了大量新增年轻人口，这明显改变了我国原来人口结构变化趋势。由 2050 年的人口结构金字塔可知，60—64 岁年龄段的人口比重大于其他年龄段的。若剔除这一年龄段，人口金字塔呈现正三角形形态，是一种年轻的人口结构，符合轻度老龄化人口结构特征。这说明高生育率不仅完全改变了我国原来人口结构老龄化趋势，反而使我国人口结构变得过度年轻，预示着我国人口总量将会进入另一个快速增长时期（见表 3-6）。

低方案我国的抚养比（2015—2050 年）如表 3-7 所示。

表 3-7　　　低方案我国的抚养比（2015—2050 年）　　　单位：%

年份	0—14 岁	15—64 岁	65 岁及以上
2015	21.14	14.74	35.89
2020	20.61	19.10	39.70
2025	18.56	22.83	41.40

续表

年份	0—14 岁	15—64 岁	65 岁及以上
2030	17.51	29.51	47.02
2035	16.73	38.60	55.33
2040	16.50	47.06	63.56
2045	16.33	52.02	68.35
2050	16.26	57.42	73.67

中方案我国的人口抚养比（2015—2050 年）如表 3-8 所示。

表 3-8　中方案我国的抚养比（2015—2050）　　　单位：%

年份	0—14 岁	15—64 岁	65 岁及以上
2015	21.14	14.74	35.89
2020	20.61	19.10	39.70
2025	21.49	22.83	44.32
2030	23.34	29.51	52.85
2035	25.77	38.59	64.37
2040	24.71	45.45	70.15
2045	24.24	48.56	72.80
2050	24.91	51.64	76.55

高方案我国的抚养比（2015—2050 年）如表 3-9 所示。

表 3-9　高方案我国的抚养比（2015—2050 年）　　　单位：%

年份	0—14 岁	15—64 岁	65 岁及以上
2015	21.14	14.74	35.89
2020	24.10	19.10	43.20

续表

年份	0—14 岁	15—64 岁	65 岁及以上
2025	26.71	22.84	49.54
2030	30.36	29.51	59.87
2035	29.84	37.13	66.97
2040	28.74	42.84	71.59
2045	29.56	44.93	74.49
2050	32.05	46.86	78.90

（四）人力资本积累

人力资本存量的估计有如下三种方法：一是人力资本存量的测定；二是人力资本增量的测定；三是通过产出水平或者收入报酬水平来估算人力资本的存量。如采用存量与增量相结合的方法，可以利用抽样调查数据，测算出当年的人力资本存量；然后采用人力资本增量法，计算得到下一年人力资本存量。依此类推，可得到我国人力资本存量。

用每年新增劳动者的人力资本量作为一个社会新增人力资本。每年新增人力资本 H_t 等于各教育阶段毕业学生中没有继续接受教育的人数乘以他们完成的学习年数，其计算公式为：

$$H_t = \sum (g_i - r_i) y_i \qquad (3.20)$$

式中，g_i 为某教育阶段的毕业人数，r_i 为下一个教育阶段的招生数，y_i 为完成的受教育年限，具体用 6 年、9 年、12 年、16 年分别代表我国小学、初中、高中、大学的教育年限。

廖楚晖（2006）将基年1982年的人均受教育年限（我国15岁以上人口的人均受教育年限）为4.95年。1982年以前的人均受教育年限采用如下递推方法：

$$h_t = (h_{t+1} \cdot P_t - H_t)/P_t \tag{3.21}$$

式中，P_t 为 t 年的15—64岁的人口数量。1982年以后，人力资本存量计算公式为：

$$h_{t+1} = (h_t \cdot P_{t+1} - H_{t+1})/P_{t+1} \tag{3.22}$$

廖楚晖（2006）采用蔡昉、都阳（2003）的1982年我国人均受教育年限4.95年，他们利用我国1982年的人口普查资料，计算得到我国人均受教育年限为4.80年。如按照廖楚晖（2006）的1982年我国人均受教育年限4.95年，采用人力资本递推法，测算得到1982—2015年我国人均受教育年限（见表3-10）。

表3-10　我国总的人力资本测算及未来人力资本预测　　单位：年

年份	人均受教育年限（1）	人均受教育年限（2）	人均受教育年限（1）与年限（2）之差	人均受教育年限（3）	人均受教育年限预测
1982	4.9500	—	—	6.8007	—
1983	4.9358	—	—	6.7058	6.7229
1984	4.9893	—	—	6.7116	6.6885
1985	5.0157	—	—	6.6840	6.6863
1986	5.1130	—	—	6.7495	6.7077
1987	5.2313	—	—	6.8402	6.7467
1988	5.5347	—	—	7.1722	6.7987

续表

年份	人均受教育年限（1）	人均受教育年限（2）	人均受教育年限（1）与年限（2）之差	人均受教育年限（3）	人均受教育年限预测
1989	5.5175	—	—	7.0918	6.8602
1990	5.4910	—	—	7.0063	6.9288
1991	5.6307	—	—	7.1364	7.0026
1992	5.7321	—	—	7.2200	7.0803
1993	5.7975	—	—	7.2601	7.1609
1994	5.5502	—	—	6.9137	7.2436
1995	5.9917	—	—	7.4258	7.3278
1996	6.0278	—	—	7.4337	7.4132
1997	6.1062	—	—	7.4918	7.4994
1998	6.2192	—	—	7.5902	7.5862
1999	6.3282	—	—	7.6860	7.6735
2000	6.2171	—	—	7.5176	7.7612
2001	6.3070	—	—	7.5939	7.8491
2002	6.4364	—	—	7.7168	7.9372
2003	6.5618	—	—	7.8328	8.0255
2004	6.6576	—	—	7.9119	8.1138
2005	6.7092	7.9345	-1.2253	7.9367	8.2022
2006	6.8480	8.1279	-1.2799	8.0643	8.2907
2007	7.0019	8.2661	-1.2642	8.2085	8.3792
2008	7.1499	8.3449	-1.195	8.3459	8.4678
2009	7.2912	8.4508	-1.1596	8.4773	8.5563
2010	7.3039	—	—	8.4609	8.6449
2011	7.4697	8.9007	-1.4310	8.6227	8.7335
2012	7.6500	8.9953	-1.3453	8.8016	8.8221
2013	7.8304	9.0976	-1.2672	8.9800	8.9107

续表

年份	人均受教育年限（1）	人均受教育年限（2）	人均受教育年限（1）与年限（2）之差	人均受教育年限（3）	人均受教育年限预测
2014	8.0189	9.0905	-1.0716	9.1694	8.9994
2015	8.2130	—	—	9.3651	9.0880
2016	—	—	—	—	9.1766
2017	—	—	—	—	9.2652
2018	—	—	—	—	9.3539
2019	—	—	—	—	9.4425
2020	—	—	—	—	9.5311
2021	—	—	—	—	9.6197
2022	—	—	—	—	9.7084
2023	—	—	—	—	9.7970
2024	—	—	—	—	9.8856
2025	—	—	—	—	9.9743
2026	—	—	—	—	10.0629
2027	—	—	—	—	10.1515
2028	—	—	—	—	10.2402
2029	—	—	—	—	10.3288
2030	—	—	—	—	10.4174
2031	—	—	—	—	10.5061
2032	—	—	—	—	10.5947
3033	—	—	—	—	10.6833
2034	—	—	—	—	10.7720
2035	—	—	—	—	10.8606
2036	—	—	—	—	10.9492
2037	—	—	—	—	11.0379
2038	—	—	—	—	11.1265

续表

年份	人均受教育年限（1）	人均受教育年限（2）	人均受教育年限（1）与年限（2）之差	人均受教育年限（3）	人均受教育年限预测
2039	—	—	—	—	11.2151
2040	—	—	—	—	11.3038
2041	—	—	—	—	11.3924
2042	—	—	—	—	11.4810
2043	—	—	—	—	11.5697
2044	—	—	—	—	11.6583
2045	—	—	—	—	11.7469
2046	—	—	—	—	11.8356
2047	—	—	—	—	11.9242
2048	—	—	—	—	12.0128
2049	—	—	—	—	12.1015
2050	—	—	—	—	12.1901

资料来源：表中数据来自历年《中国统计年鉴》。表中的人均受教育年限（1）是根据廖楚晖（2006）的1982年我国人均受教育年限4.95年，采用人力资本递推法，测算得到1982—2015年我国人均受教育年限值。表3-10中的人均受教育年限（2）是由2005—2014年我国人口抽样调查数据测算得到的人均受教育年限。表中人均受教育年限预测则由模型（3.23）模拟得到。

1. 全国总人均受教育年限

由2005—2014年我国人口抽样调查数据，测算得到人均受教育年限都比采用递推法得到的人力资本存量［见表3-10中的人均受教育年限（1）］要大些。由表3-10可知，人均受教育年限（2）比人均受教育年限值1大1.20左右。因此，我们对1982年的人均受教育年限进行调整，使计算得到的人力资本存量与我国人口抽样调查数据测算得到的人均受教育年限相一致。

如将 1982 年我国人均受教育年限调整为 6.8007，这样，可得到 1982—2015 年我国人均受教育年限（3），该值与人均受教育年限（2）较为接近。我们可将人均教育年限（3）作为我国人均受教育年限。

以 1982 年作为初始期（也就是 1982 年 t = 1），估计得到如下人均受教育年限与时间 t 之间的关系：

$$h_t = 6.0744 + 0.088633 \times t + AR(1) \quad\quad (3.23)$$
$$(19.55) \quad (6.57) \quad\quad (5.28)$$
$$R^2 = 0.9693, \bar{R}^2 = 0.9673, DW = 2.2616$$

式中，小括号内的数值为参数估计的 T 统计量。由式（3.23）可以对未来我国人均人力资本存量进行预测（见表 3-10）。

按"十三五"规划要求，到 2020 年，中国教育年限将会提升到 10.63 年。但是，根据现有我国人均受教育年限预测的 2020 年我国人均受教育年限仅为 9.53 年左右，这与"十三五"规划要求的 2020 年我国教育年限达到 10.63 年相差 1 年左右。这就要求我国调整经济结构，发挥人力资本在产出中的作用，形成人力资本积累报酬的正向机制，这有利于我国人力资本的积累，从而达到"十三五"规划要求的 2020 年中国教育年限将会提升到 10.63 年。

2. 我国各省（市、自治区）人均受教育年限

由 1996—2015 年《中国人口统计年鉴》，可得到我国

省（市、自治区）1995—2015年人均受教育年限。人均受教育年限是用人口受正规教育年限之和除以人口总数，1995—2015年的数据是由全国人口变动抽样调查和人口普查得到6岁及以上人口受教育年限构成资料计算的，但其结果对人口普查依赖很强。采用15岁及以上人口受教育年限数据计算平均受教育年限。具体的人均受教育年限的计算方法为：文盲与半文盲设为1年、小学为6年、初中为9年、高中和中专为12年、大学（包括大专、本科及研究生）为16年。这样计算得到我国省（市、自治区）人均受教育年限（见附表1）。

由测算得到我国省（市、自治区）人均受教育年限可知，我国省（市、自治区）人均受教育年限差异较大。2015年北京人均受教育年限为12.11年，上海的人均受教育年限为10.98年，而2015年西藏人均受教育年限仅为5.23年，该值还不到北京人均受教育年限的一半，与北京相差6.88年。为了达到"十三五"规划要求的2020年中国人均受教育年限10.63年，合理配置教育资源，缩小我国省（市、自治区）之间的教育差距显得尤为重要。

三　人力资本与产业结构现代化

由上述的理论逻辑分析可知，当劳动力保持不断增长时，可以将劳动力作为增长动力保持可持续增长。当劳动力不可持续增长时，增长机制应做出调整，由劳动力数量增长型转为劳动力质量型，也就是人力资本积累。人力资本积累对生产将会产生较大的影响，尤其人力资本积累进行技术创新，由同质性生产转向差异性生产，将有利于经济结构转型升级和产业结构现代化。

未来我国劳动力将不可能维持以劳动力投入为主的生产方式，这就要求将劳动力数量型投入转变为质量提高型，也就是提高人力资本积累。人力资本积累、经济发展水平和对外开放度等对产业结构转型升级和结构现代化会产生重要影响。下面采用我国省（市、自治区）2003—2015年面板数据模型对上述影响关系进行实证分析。

（一）计量模型及估计方法

1. 计量模型

我们构建如下我国产业结构升级面板数据模型：

$$stc_{it} = \alpha_0 + \alpha_1 \cdot human_{it} + \alpha_2 \cdot gdpp_{it} + \alpha_3 \cdot gdppp_{it} + \alpha_4 \cdot trade_{it} + \mu_{it} \tag{3.24}$$

式中，stc_{it} 为 i 省（市、自治区）t 时产业结构升级，分别为第三产业增加值与第二产业增加值之比和第三产业增加值占总产出比重。$human_{it}$ 为 i 省（市）t 时人力资本积累，$gdpp_{it}$ 为 i 省（市、自治区）t 时人均GDP，$gdppp_{it}$ 为 i 省（市、自治区）t 时人均GDP平方，$trade_{it}$ 为 i 省（市、自治区）t 时对外开放度，μ_{it} 为随机误差项。随机误差项 μ_{it} 可分解为：

$$\mu_{it} = \mu_t + b_t + \varepsilon_{it} \tag{3.25}$$

式中，ε_{it} 为独立地服从正态的随机变量，个体效应和时间效应与式（3.24）中解释变量是否相关，可以从个体差别和整个经济上进行分析，同时结合面板数据模型计量检验加以判断。

2. 估计方法

式（3.25）中未观测个体效应 μ_{it} 与解释变量之间可能存在相关性，如一个省（市、自治区）经济环境、人口状况等未观测因素与人力资本积累之间存在相关性。模型中没有考虑未观测效应，这些未观测效应将进入随机误差项 ε_{it} 中，造成随机误差项与解释变量之间相关性。如采用普通最小二乘法（OLS）估计模型，其估计结果将是有偏不一致的。模型中包括未观测效应，我们应设法消除未观测效应对估计结果的影响。组内估计法和一阶差分法是解决未观测效应与解释变量之间相关性问题的有效方法。

组内估计法又称为固定效应法（fixed effects），它用各变量减去均值后形成的新变量进行回归分析，这种方法也等同于考虑每个横截面 i 有一个不同的截距，在这里表示省（市、自治区）特有的影响产业升级的因素。式（3.25）是固定效应的表达式，其中未观测时间效应 b_t 与解释变量之间可能是相关的。某些年份的宏观经济政策对产业升级将会产生影响，这些宏观政策与解释变量，如经济发展水平、人力资本积累等相关性较大。时间效应 b_t 与解释变量之间可能存在相关性，这还需要从面板数据模型计量检验加以判断。

一阶差分法是将每个变量取差分后形成新变量进行回归分析,通过差分形式将消除那些不随时间而变化的未观测效应。式(3.24)两边取一阶差分后形成如下一阶差分模型:

$$\Delta serv_{it} = \alpha_1 \cdot \Delta human_{it} + \alpha_2 \cdot \Delta gdpp_{it} + \alpha_3 \cdot \Delta gdppp_{it} + \alpha_4 \cdot \Delta trade_{it} + \Delta \mu_{it} \quad (3.26)$$

模型(3.24)经过一阶差分得到模型(3.26),随机误差项 μ_{it} 变为 $\Delta \mu_{it}$,式(3.25)可化为:

$$\Delta \mu_{it} = \Delta b_t + \Delta \varepsilon_{it} \quad (3.27)$$

式(3.27)中 Δb_t 是很小的,则式(3.27)可得到:

$$\Delta \mu_{it} \approx \Delta \varepsilon_{it} \quad (3.28)$$

式中,$\Delta \varepsilon_{it}$ 表示均值为 0 的正态随机变量。这样,式(3.26)中 $\Delta serv$、$\Delta human$、$\Delta gdpp$、$\Delta gdppp$ 和 $\Delta trade$ 等增量之间相关性可得到有效解决,从而解决了模型中存在内生性和相关性问题。

(二)变量选择

1. 变量选择

(1)产业升级,我们分别采用第三产业增加值与第二产业增加值之比,表示为 SI。第三产业增加值占总产出比重,表示为 serve。这些变量作为产业结构升级化的度量,反映我国产业结构现代化。

(2)人力资本。用人均受教育年限表示,为 human。采用文献常用的劳动者平均受教育年限作为人力资本水平代理指标，该数据均来自国家统计局网站人口抽样调查统计数据，并采用彭国华（2005）的方法，对缺失数据进行处理。1996—2009年数据来自历年《中国劳动统计年鉴》及《中国人口和就业统计年鉴》，2010—2015年相关数据来自Wind。

（3）经济发展水平。用可比价的人均GDP表示（以1990年价计），表示为gdpp。为了反映不同的经济发展阶段产业升级的非线性特征，在计量模型中，我们增加了人均GDP的平方项（表示为gdppp）。

（4）对外开放。用我国省（市、自治区）当年进出口总额与GDP之比表示，表示为trade，该变量反映外需拉动对产业结构升级的影响。

2. 数据统计描述

我们首先对我国31个省（市、自治区）2000—2015年有关产业结构升级等数据进行统计描述（见表3-11）。2000—2015年，我国31个省（市、自治区）第三产业增加值与第二产业增加值之比均值为0.9946年，中位数为0.8572年，它们较为接近；其最大值为2015年北京第三产业增加值与第二产业增加值之比为4.0355年，最小值为2008年河南的第三产业增加值与第二产业增加值之比为0.4971，它们相差3.5384。2000—2015年我国31个省（市、自治区）第三产业增加值与第二产业增加值之比变化并不大，其标准差为0.1374。

表 3-11 我国 31 个省（市、自治区）产业升级、人均受教育年限等经济变量的描述性统计

变量	均值	标准差	中位数	最大值	最小值
SI	0.9946	0.1374	0.8572	4.0355	0.4971
serve	41.8044	2.1436	39.6608	79.6527	28.3029
human	8.3551	0.5254	8.3151	12.1124	3.8966
gdpp	20169.85	3140.19	16862	68883	4762
gdppp	41048.01	4556.77	31369.18	133911.4	12463.38
trade	3.6095	0.2096	3.7750	6.8000	0.7600

2000—2015 年，我国 31 个省（市、自治区）第三产业占总产出比重均值为 41.8044%，中位数为 39.6608%，它们较为接近；其最大值为 2015 年北京第三产业占总产出比重为 79.6527%，其最小值为 2008 年河南的 28.3029%，它们相差 51.3498%。2000—2015 年，我国 31 个省（市、自治区）第三产业占总产出比重变化并不大，它们的标准差为 2.1436（见表 3-11）。

2000—2015 年，我国 31 个省（市、自治区）人均受教育年限均值为 8.3551（年），中位数为 8.3151（年），它们较为接近；其最大值为 2015 年北京人均受教育年限的 12.1124（年），其最小值为 2000 年西藏人均受教育年限的 3.8966（年），它们相差 8.2158（年）。2000—2015 年，我国 31 个省（市、自治区）人均受教育年限变化较大，它们的标准差为 0.5254（见表 3-11）。

2000—2015 年，我国 31 个省（市、自治区）人均 GDP 均值为 2.0170（万元，1990 年价计），中位数为

1.6862（万元，1990年价计）；其最大值为2015年上海人均GDP的6.8883（万元，1990年价计），其最小值为2000年贵州的0.4762（万元，1990年价计），它们相差6.4121（万元，1990年价计）。2003—2015年，我国31个省（市、自治区）人均GDP均值变化较大，它们的标准差为0.3140（见表3-11）。

2000—2015年，我国31个省（市、自治区）当年进出口总额与GDP之比均值为3.6095，中位数为3.7750，它们相差0.1655个百分点；其最大值为2007年上海当年进出口总额与GDP之比均为6.8000，其最小值为2011年青海的0.7600，它们相差6.64个百分点。2000—2015年，我国31个省（市、自治区）当年进出口总额与GDP之比变化并不大，它们的标准差为0.2096（见表3-11）。

（三）模型估计

1. 组内估计法

首先，将第三产业增加值与第二产业增加值之比作为被解释变量，利用我国2000—2015年31个省（市、自治区）的数据对式（3.24）中的被解释变量第三产业增加值与第二产业增加值之比（SI）进行组内估计（见表3-12）。在高斯（Gauss）中，我们首先运用GPE软件包对模型（A）、模型（B）和模型（C）进行如下三种检验：运用Wald F统计量检验具有双向固定效应影响假定，运用LM统计量检验是否具有双向影响假定，运用豪斯曼（Hausman）检验对固定影响还是随机影响进行比较检验。

表 3-12　我国 31 个省（市、自治区）人力资本积累的产业转型升级面板数据模型组内估计

解释变量	模型（A）	模型（B）	模型（C）
常数项	0.5542 (3.02)***	0.8190 (4.61)***	0.4078 (1.58)*
human	0.0527 (2.40)***	0.0626 (1.98)**	0.0855 (2.25)***
gdpp		-0.1849 (-7.966)	-0.2104 (-4.53)
gdppp		0.0306 (16.70)**	0.0344 (8.57)**
trade			0.2569 (3.03)**
样本数	496	496	496
地区数	31	31	31
R^2	0.9624	0.9731	0.9815
调整的 R^2	0.9585	0.9702	0.9805
DW	0.3414	0.3491	0.3834

注：表中各模型的被解释变量为：第三产业增加值与第二产业增加值之比（SI），* 表示在 10% 的显著性水平下显著；** 表示在 5% 的显著性水平下显著；*** 表示在 1% 的显著性水平下显著。

由模型（A）、模型（B）和模型（C）三种检验结果可知，各模型具有显著的固定影响和随机影响，固定影响和随机影响是有差异的，两种影响程度存在显著的差别。由截面影响检验可知，固定影响比随机影响大得多；由时间影响检验可知，固定影响比随机影响大得多。在 Eviews 中，我们利用截面的固定影响和时间的固定影响对各模型进行估计，估计结果见表 3-12。

模型（A）、模型（B）和模型（C）三个估计的人力

资本积累与第三产业增加值与第二产业增加值之比系数较为稳健，它们在 0.0527—0.0855 之间；模型（B）和模型（C）估计的人均 GDP 对第三产业增加值与第二产业增加值之比的系数为 -0.20 左右，人均 GDP 平方对第三产业增加值与第二产业增加值之比的系数在 0.0306—0.0344 之间，这表明经济发展水平对我国产业结构转型升级存在着非线性关系。由模型（C）估计的当年进出口总额与 GDP 之比对第三产业增加值与第二产业增加值之比系数为 0.2569。由表 3 - 12 可知，模型（A）为基本模型，而其他模型是在基本模型（A）基础上增加控制变量得到的，由它们之间的系数变化可知，这些估计的模型是稳健的。由模型（A）至模型（C）估计可知，它们估计的 R^2 是不断增大的，增加变量的估计系数是显著的，这表明模型（C）是这三个模型中较好的一个，这是因为，模型（C）较为全面地刻画了影响产业结构升级的影响因素。

由我国 31 个省（市、自治区）第三产业增加值与第二产业增加值之比的面板数据模型（C）可得到如下结论：

（1）人力资本积累对第三产业增加值与第二产业增加值之比人力资本积累的系数为 0.855，这表明人力资本积累有利于我国产业结构升级和现代化。

（2）人均 GDP 对第三产业增加值与第二产业增加值之比的系数为 -0.2104，人均 GDP 平方对第三产业增加值与第二产业增加值之比的系数为 0.0344，这表明经济发展水平对我国产业结构的升级存在着非线性关系：随着经济发展水平的提高,产业升级可能随之下降;在经济发展水平超过一定水平后,产业升级将随着经济发展水平提高而不断提高。

(3) 对外开放对产业结构升级的系数为 0.2569,这表明对外开放有利于我国产业结构的升级。这是因为,对外开放有利于我国利用国外市场,延伸我国产业价值链,有利于我国产业向价值链升级,从而有利于我国产业结构转型升级。

然后,将第三产业增加值占总产出比重作为被解释变量,利用 2000—2015 年我国 31 个省(市、自治区)的数据对式(3.24)中的被解释变量第三产业增加值占总产出比重(serve)进行组内估计(见表 3 - 13)。在高斯中,我们首先运用 GPE 软件包对模型(D)、模型(E)和模型(F)进行如下三种检验:运用 Wald F 统计量检验具有双向固定效应影响,运用 LM 统计量检验是否具有双向影响,运用豪斯曼检验对固定影响还是随机影响进行比较检验。

表 3 - 13　我国 31 个省(市、自治区)人力资本积累的产业升级面板数据模型组内估计

解释变量	模型(D)	模型(E)	模型(F)
常数项	42.5542 (3.02)***	35.7795 (11.27)***	34.9152 (8.36)*
human	0.8943 (2.40)***	0.8750 (1.99)**	0.8663 (2.27)***
gdpp		-2.0166 (-5.13)***	-2.7173 (-3.71)***

续表

解释变量	模型（D）	模型（E）	模型（F）
gdppp		0.4412 (11.88)***	0.4345 (6.87)***
trade			3.9872 (2.98)***
样本数	496	496	496
地区数	31	31	31
R^2	0.9624	0.9857	0.9870
调整的 R^2	0.9585	0.9847	0.9857
DW	0.3414	0.4277	0.4710

注：表中各模型的被解释变量为：第三产业增加值占总产出比重（serve），*表示在10%的显著性水平下显著；**表示在5%的显著性水平下显著；***表示在1%的显著性水平下显著。

由模型（D）、模型（E）和模型（F）三种检验结果可知，各模型具有显著的固定影响和随机影响，固定影响和随机影响是有差异的，两种影响程度存在显著的差别。由截面影响检验可知，固定影响比随机影响大得多；由时间影响检验可知，固定影响比随机影响大得多。在 Eviews 中，我们利用截面的固定影响和时间的固定影响对各模型进行估计，估计结果见表3-13。

模型（D）、模型（E）和模型（F）三个估计的人力资本积累与第三产业增加值占总产出比重的系数较为稳健，它们均在0.87左右；模型（E）和模型（F）估计的人均GDP对第三产业增加值占总产出比重的系数在-2.166—-2.7173之间，人均GDP平方对第三产业增加值占总产出比重在 0.44 左右，这表明经济发展水平对我国产业结构的升级存在着非线性关系。由模型（F）估计的当年进出口总额与 GDP 之比对第三产业增加值占总产出比重的系数为 3.9872 左右。由表 3-13 可知，模型（D）为基本模型，其他模型是在基本模型（D）基础上增加控制变量得到的，由它们之间的系数变化可知，这些估计的模型是稳健的。由模型（D）至模型（F）估计可知，它们估计的 R^2 是不断增大的，增加变量的估计系数是显著的，这表明模型（F）是这三个模型中较好的一个，这是因为，模型（F）较为全面地刻画了影响产业结构升级的影响因素。

由我国 31 个省（市、自治区）第三产业增加值占总产出比重的面板数据模型（F）可得到如下结论：

（1）人力资本积累对第三产业增加值占总产出之比的系数为 0.8663，这表明人力资本积累有利于我国产业结构升级。

（2）人均 GDP 对第三产业增加值占总产出之比系数为 -2.7173，人均 GDP 平方对第三产业增加值与第二产业增加值之比的系数为 0.4345，这表明经济发展水平对我国产业结构的升级存在着非线关系：随着经济发展水平的提高，产业升级可能随之下降；在经济发展水平超过一定水平后，产业升级将随着经济发展水平提高而不断提高。

（3）对外开放对产业结构升级的系数为 3.9872，这表明对外开放有利于我国产业结构的升级。这是因为，对外开放有利于我国利用国外市场，延伸我国产业价值链，有利于我国产业向价值链升级，从而有利于我国产业结构转型升级。

2. 一阶差分法

为了检验上述估计的表3-12中的模型可靠性，根据2000—2015年31个省（市、自治区）的数据，我们采用时间一阶差分法（first difference）估计模型（3.26）中的解释变量第三产业增加值一阶差分与第二产业增加值之比的一阶差分，我们采用组别无效应和时间无效应估计得到与表3-12相对应的模型（AA）、模型（BB）和模型（CC）（见表3-14）。

表3-14 我国31个省（市、自治区）人力资本积累的产业升级面板数据模型组内估计

解释变量	模型（AA）	模型（BB）	模型（CC）
常数项	0.0084 (2.06)***	0.0396 (2.41)***	0.0421 (1.78)*
dhuman	0.0148 (2.40)***	0.0210 (1.98)**	0.018 (2.25)***
dgdpp		-0.2117 (-1.95)	-0.2104 (-1.73)
dgdppp		0.0076 (1.67)**	0.0084 (1.76)**
dtrade			0.0025 (2.03)**
样本数	465	465	465
地区数	31	31	31

续表

解释变量	模型（AA）	模型（BB）	模型（CC）
R^2	0.4360	0.4413	0.4534
调整的 R^2	0.3754	0.3783	0.4215
DW	2.1675	2.1613	2.1534

注：表中各模型的被解释变量为：第三产业增加值与第二产业增加值之比一阶差分。*表示在10%的显著性水平下显著；**表示在5%的显著性水平下显著；***表示在1%的显著性水平下显著。

模型（AA）、模型（BB）和模型（CC）估计的人力资本积累与第三产业增加值一阶差分与第二产业增加值之比的一阶差分的系数较为稳健，它们在0.0148—0.0210之间；模型（BB）和模型（CC）估计的人均GDP一阶差分对第三产业增加值与第二产业增加值之比一阶差分的系数为-0.21左右，人均GDP平方一阶差分对第三产业增加值与第二产业增加值之比的一阶差分系数为0.008左右，这表明经济发展水平对我国产业结构的升级存在着非线性关系。由模型（CC）估计的当年进出口总额与GDP之比一阶差分对第三产业增加值与第二产业增加值之比一阶差分的系数为0.0025左右。由表3-12和表3-14可知，这两组估计的模型，除了在估计的参数大小上有所差异，总的来说，还是比较接近的，这表明估计模型是可靠可信的。

为了检验上述估计的表3-13中的模型可靠性，根据2000—2015年31个省（市、自治区）的数据，我们采用时间一阶差分法估计模型（3.26）中的解释变量第三产业增加值占总产出之比一阶差分,我们采用组别无效应和时间无效应估计得到与表 3-13 相对应的模型(DD)、模型(EE)和模型(FF)(见表 3-15)。

表 3-15   我国 31 个省(市、自治区)人力资本积累的
产业升级面板数据模型组内估计

解释变量	模型(DD)	模型(EE)	模型(FF)
常数项	0.4071 (3.02)***	0.3795 (3.27)***	0.3915 (3.46)*
human	0.0548 (2.40)***	0.0645 (1.99)**	0.0634 (2.27)***
gdpp		-4.4009 (-3.13)***	-4.5418 (-3.71)***
gdppp		0.1454 (1.88)***	0.1587 (1.75)***
trade			0.5671 (1.79)***
样本数	465	465	465
地区数	31	31	31
R^2	0.4513	0.4614	0.4627
调整的 R^2	0.3924	0.4007	0.4007
DW	1.5962	1.5812	1.5757

注:表中各模型的被解释变量为:第三产业增加值占总产出之比一阶差分。* 表示在 10% 的显著性水平下显著;** 表示在 5% 的显著性水平下显著;*** 表示在 1% 的显著性水平下显著。

模型(DD)、模型(EE)和模型(FF)估计的人力资本积累与第三产业增加值占总产出比重的一阶差分系数较为稳健,它们在 0.0548—0.0645 之间;模型(EE)和模型(FF)估计的人均 GDP 一阶差分对第三产业增加值占总

产出比重的一阶差分系数在 -4.4009— -4.5418 之间，人均 GDP 平方一阶差分对第三产业增加值占总产出比重的一阶差分系数为 0.15 左右，这表明经济发展水平对我国产业结构的升级存在着非线性关系。由模型（FF）估计的当年进出口总额与 GDP 之比的一阶差分对第三产业增加值占总产出比重的一阶差分系数为 0.57 左右。由表 3-13 和表 3-15 可知，这两组估计的模型，除了在估计的参数大小上有所差异，总的来说，还是比较接近的，这表明估计模型是可靠可信的。

四　小结及建议

由现代经济增长文献研究发现，劳动力、人力资本与结构转型升级实质上是一致性的。劳动力供给不能满足以劳动力要素为主的增长方式，以劳动力要素投入为主的经济增长方式是不可持续的；劳动力的数量型需要转为质量提高型，人力资本的积累是维持可持续增长在新阶段发展的必然选择；人力资本的积累受到生理等方面的限制，尤其是学校教育是一个限制，人力资本积累是不可能无限地发展的，为了更充分发挥人力资本积累的效率及可持续增长，人力资本积累进行技术创新是我国可持续增长的必由之路，从而实现我国经济增长方式的转型升级及可持续增长。

由我国人口及结构、从业人员数量及人力资本积累等表明，我国从业人员不可无限增长，依靠劳动力供给是不可能平稳增长的。同时，由测算得到的我国人均受教育年限可知，2015年，我国人均受教育年限为9.37年。我国省（市、自治区）人均受教育年限差异较大，2015年北京人均受教育年限为12.11年，上海的人均受教育年限为10.98年，而2015年西藏人均受教育年限为5.23年，该值还不到北京人均受教育年限的一半，与北京相差6.88年。为了达到"十三五"规划的2020年中国人均受教育年限10.63年的要求，合理配置教育资源，缩小我国省（市、自治区）之间的教育差距显得尤其重要。

未来我国劳动力将不可能维持以劳动力投入为主的生产方式，这就要求将劳动力数量型投入转为质量提高型，也是提高人力资本积累。人力资本积累、经济发展水平和对外开放度等对产业转型升级产生影响。由我国省（市、自治区）2003—2015年产业升级的面板数据模型实证分析可知，人力资本积累有利于我国产业升级，人均GDP对产业升级系数为负值，而人均GDP平方项对产业升级的系数为正值，这表明经济发展水平对我国产业结构的升级存在着非线性关系。随着经济发展水平的提高，产业升级可能随之下降；在经济发展水平超过一定水平后，产业升级将随着经济发展水平提高而不断提高。

为了我国可持续增长，以人为中心，实现我国产业结构现代化，我们提出以下政策建议：

第一，合理规划人口政策，科学合理地控制人口规模和人口结构，合理可持续地供给劳动力，为了我国可持续增长提供可持续的劳动力。我国改革开放40年的高速增长，劳动力对我国经济增长发挥了重大作用，为了我国可持续增长，需要科学合理地控制人口规模和人口结构，更好地发挥劳动力对我国经济增长的作用。

第二，合理配置教育资源，缩小我国省（市、自治区）人均受教育年限，努力提高人均受教育年限，从而达到"十三五"规划的2020年中国人均受教育年限10.63年的目标。由前文分析我国省（市、自治区）人均受教育年限可知，我国各省（市、自治区）人均受教育年限差距较大，为了缩小区域教育差距，国家应从全局出发，在全国范围内合理配置教育资源，努力提高整个国家的教育水平。

第三，应充分发挥人力资本的作用，促进我国产业转型升级和产业结构现代化。为了顺利实现我国产业转型升级和产业结构现代化，使由要素投入的增长方式转型升级技术创新增长方式，更好地发挥人力资本在增长中的作用，创新成为我国经济增长的动力。

参考文献

1. 廖楚晖：《中国人力资本和物资资本的结构及政府教育投入》，《中国社会科学》2006年第1期。
2. 蔡昉、都阳：《"文化大革命"对物质资本和人力资本的破坏》，《经济学季刊》2003年第4期。

3. 周渭兵：《未来五十年我国社会抚养比预测及其研究》，《统计研究》2004 年第 11 期。

4. 孟令国、李超令、胡广：《基于 PDE 模型的中国人口结构预测研究》，《中国人口·资源与环境》2014 年第 2 期。

5. 梁海艳、徐行、代燕、陈瑞生：《2011—2050 年云南省人口红利预测分析》，《南京人口管理干部学院学报》2012 年第 3 期。

附表1　　1995—2015年我国省（市、自治区）人均受教育年限

省（市、自治区）	1995年	1996年	1997年	1998年	1999年	2000年	2001年	2002年	2003年	2004年	2005年
北京	8.8374	9.6396	9.7236	9.8076	10.0391	10.0385	10.0356	10.309	10.455	10.6009	10.7251
天津	7.8276	8.1135	8.1652	8.2169	8.7862	9.0451	9.0455	9.2127	9.4543	9.696	9.5629
河北	6.3872	7.0212	7.2966	7.572	7.5643	7.7694	7.8221	8.1005	8.2707	8.441	8.2385
山西	6.9054	7.6526	7.7689	7.663	7.9094	8.0835	8.0862	8.3023	8.3679	8.4334	8.4691
内蒙古	6.6289	7.2685	7.3271	7.5709	7.5001	7.8598	7.867	7.997	8.1306	8.2642	8.3291
辽宁	7.2472	7.9316	8.1783	8.1086	8.2525	8.4663	8.4674	8.4894	8.6851	8.8807	8.794
吉林	7.3638	7.8505	7.9779	8.1053	8.2948	8.2919	8.2999	8.6569	8.747	8.837	8.5277
黑龙江	7.1267	7.8367	7.9421	7.933	7.9136	8.2988	8.3117	8.3604	8.449	8.5377	8.5224
上海	8.5144	9.0932	8.9761	9.065	9.3455	9.3652	9.3705	9.6714	9.9228	10.1741	10.0808
江苏	6.8201	7.1746	7.0802	7.2071	7.4482	7.9369	7.9432	7.7124	7.8185	7.9245	8.2363
浙江	6.4523	6.8631	6.9797	7.1721	7.285	7.5585	7.5684	7.7977	7.9359	8.074	7.7309
安徽	5.7907	6.4742	6.7308	6.7086	6.7177	7.1085	7.1204	7.1346	7.3745	7.6143	7.2049
福建	5.7689	6.466	6.8844	6.8475	6.932	7.6226	7.5863	7.5756	7.6006	7.6256	7.6628
江西	5.9136	6.6774	7.1555	7.1234	7.2281	7.6178	7.6294	7.5699	7.8151	8.0602	7.6257
山东	6.4182	6.6235	6.7166	6.8097	6.9988	7.6846	7.6911	8.1804	8.1192	8.058	7.844
河南	6.3385	6.9967	7.2297	7.3741	7.2421	7.7907	7.8009	8.1538	8.2217	8.2895	8.0741
湖北	6.2497	7.0878	7.3455	7.4255	7.414	7.8476	7.8542	7.4662	7.8303	8.1944	7.9317
湖南	6.3724	7.0581	7.3207	7.3793	7.5408	7.8472	7.8593	7.9822	8.1029	8.2236	8.0719
广东	6.4697	6.9132	7.5943	7.6382	7.7012	8.1286	8.1343	8.1583	8.1747	8.1911	8.4237
广西	6.1788	6.8161	7.4769	6.9102	6.9566	7.6244	7.6329	7.7077	7.8983	8.0888	7.74
海南	6.411	6.8077	7.0696	7.3314	7.3849	7.7632	7.77	8.0227	8.2474	8.472	8.195
重庆	6.0034	6.5996	6.7497	6.8186	7.0075	7.362	7.3658	7.5315	7.4431	7.3546	7.4997
四川	6.0034	6.5996	6.7826	6.9655	6.8052	7.1636	7.1734	7.4091	7.4831	7.557	6.9861
贵州	5.3028	5.9505	5.9635	5.9765	6.29	6.3176	6.3396	6.8946	7.0111	7.1276	6.6042
云南	5.1312	5.8714	6.0107	6.0098	6.0319	6.4952	6.5067	6.3221	6.6416	6.9611	6.5577
西藏	2.9008	3.4797	3.6579	3.836	3.4826	3.8966	3.9583	4.7032	4.7362	4.7691	4.1938
陕西	6.3809	6.989	7.2111	7.1831	7.2967	7.7965	7.8115	7.5608	7.9571	8.3534	8.1576
甘肃	5.2542	6.0228	6.168	6.3131	6.5735	6.7227	6.7371	6.9619	7.1823	7.4028	7.0448
青海	5.0691	5.2944	5.1038	5.3056	6.2551	6.4264	6.3879	6.5695	6.7855	7.0015	6.9845
宁夏	5.7925	6.7268	6.7468	6.7668	6.8666	7.1861	7.2045	7.5418	7.6895	7.8373	7.5366
新疆	6.4149	7.3501	7.6171	7.5695	8.0314	7.809	7.8181	8.4434	8.4974	8.5513	8.2841

续表

省(市、自治区)	2006年	2007年	2008年	2009年	2010年	2011年	2012年	2013年	2014年	2015年
北京	10.9918	11.1196	11.0029	11.1048	11.3392	11.5735	11.8535	12.0443	11.871	12.1124
天津	9.7714	9.8557	9.9212	9.8371	10.1325	10.4278	10.5383	10.5647	10.5367	11.0234
河北	8.1917	8.2291	8.4079	8.2936	8.4764	8.4079	8.2291	8.1911	8.2385	8.9213
山西	8.7405	8.819	8.8516	8.6977	8.9420	9.1863	9.4104	9.3826	9.3314	9.1497
内蒙古	8.2813	8.4362	8.4479	8.3225	8.7981	9.2736	9.2739	9.0595	9.0486	9.07584
辽宁	8.9673	9.0273	9.1179	9.0744	9.2838	9.4931	9.9235	10.1281	9.9328	9.1534
吉林	8.7125	8.8238	8.9364	8.704	8.9162	9.1283	9.2767	9.4318	9.4057	9.4678
黑龙江	8.5826	8.7431	8.7439	8.5412	8.8431	9.145	9.2378	9.5072	9.3866	9.5548
上海	10.4882	10.3418	10.5867	10.5062	10.5084	10.5105	10.6782	10.6013	10.85	10.9819
江苏	8.3431	8.5133	8.5204	8.3817	8.7990	9.2162	9.3175	9.465	9.4034	9.7754
浙江	8.1602	8.202	8.3286	8.2663	8.5764	8.8865	8.2663	9.4238	9.1186	9.3931
安徽	7.4817	7.3945	7.5712	7.5671	7.9478	8.3284	8.5967	8.5989	8.8003	8.9634
福建	7.8304	7.8518	7.626	8.1783	8.5301	8.8818	8.6194	8.7053	8.8548	8.9233
江西	7.7928	8.313	8.3171	8.3255	8.5522	8.7789	8.9058	9.2697	8.9138	9.4391
山东	8.1827	8.3061	8.3527	8.1844	8.4639	8.7433	8.8449	8.9816	9.0449	9.4736
河南	8.1354	8.2571	8.4066	8.237	8.5851	8.9331	9.1933	9.2376	9.1523	9.3131
湖北	8.35	8.507	8.5612	8.3013	8.5767	8.8521	8.7672	8.9943	9.0554	9.2118
湖南	8.2304	8.4741	8.4907	8.2804	8.6939	9.1074	9.2616	9.3989	9.1706	9.6529
广东	8.4877	8.7215	8.8134	8.6396	9.0033	9.3669	9.378	9.2587	9.3204	9.5661
广西	8.0925	8.0883	8.0387	7.9718	8.3143	8.6568	8.4644	8.6339	8.7925	8.8934
海南	8.2539	8.4017	8.4233	7.8245	8.3788	8.9331	9.1933	9.2376	9.1523	8.7131
重庆	7.6629	7.7979	7.8601	7.749	8.2912	8.8333	8.6894	8.7279	9.0133	9.4049
四川	7.3581	7.5331	7.6121	7.5806	7.9350	8.2893	8.5472	8.5163	8.4208	8.9888
贵州	6.7553	6.9842	7.1723	7.0606	7.3805	7.7003	7.7447	8.1425	8.1982	8.4122
云南	6.8132	6.9279	7.0236	6.8811	7.3269	7.7726	7.9329	7.9258	7.869	7.563
西藏	4.5693	4.9621	5.0545	4.7919	5.2984	5.8048	5.4166	4.7805	4.6678	5.2256
陕西	8.3854	8.4839	8.5905	8.4287	8.7195	9.0102	9.189	9.3302	9.201	9.3836
甘肃	6.9727	7.2358	7.3246	7.209	7.7313	8.2535	8.3673	8.4232	8.4107	8.8701
青海	7.1741	7.3456	7.4091	7.3728	7.6394	7.9059	7.7542	8.098	8.1704	8.2369
宁夏	7.7625	7.9441	8.2179	8.0846	8.2780	8.4713	8.4398	8.7839	8.6305	8.7384
新疆	8.3597	8.5582	8.6043	8.4977	8.8571	9.2165	9.0871	9.0291	9.2201	9.49